思考スキームによる実習指導

佐々木 由惠・栗原 好美・神山 資将（著）

一般社団法人知識環境研究会（編）

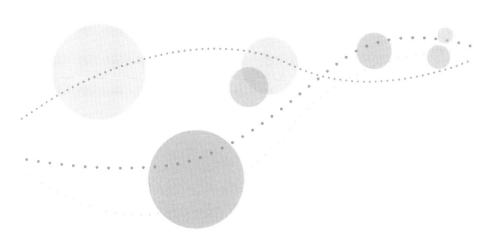

社会評論社

はじめに

　福祉分野における実習指導の重要性が認識されつつある中、本書は、実習指導をより本質的に検討する手段として、神山・佐々木（2011）、神山・池田（2012）、神山（2014a）や神山（2014b）の研究で提案された「思考スキーム」という概念を用いることの有効性を議論するものである。

　本書の内容は、2016 年度に福祉系大学と地域の訪問看護ステーションが連携して行った実証的な研究を基にしている。

　本研究全体のコーディネートと 1 章は、佐々木由惠が担当した。1 章では、多職種連携を視野に入れた新しい実習指導方法が求められる背景について概説する。

　2 章は、栗原好美が担当した。思考スキームによる実習指導を試行した結果を報告する。実際にサービス提供の場に実習生を受け入れて指導を行った経験と、そこから得られた知見をまとめる。

　3 章と 4 章は、神山資将が担当した。3 章では思考スキームによる実習指導の具体的な手順を説明するとともに、実習生と指導スタッフによる記述から、実習中の場面ごとに思考スキームを分析する。4 章では、福祉分野の実習指導において思考スキームを活用した結果、どのような傾向が見られ

たのかについて述べる。

　本書の基になる研究成果は、実習生である学生、実習先の指導スタッフ、そして利用者とそのご家族をはじめ、関係者の皆様の協力なくして得られなかった。この場を借りて、改めて感謝の意を表したい。

　実習指導は、実務の現場（知識の応用）と教育の現場（知識の理論）が相互に作用し、実習生が身につけた理論を応用する過程で知識が最適化される貴重な機会である。本書が、実習指導を新たな視点で捉え、その実践をより豊かなものにするための一助になれば幸いである。

2021（令和3）年6月

佐々木　由惠
栗原　好美
神山　資将

倫理的配慮

　本書に収録した研究は、日本社会事業大学研究倫理委員会および一般社団法人知識環境研究会研究調査倫理審査会の承認を得て実施した。実施にあたり、協力機関責任者に研究の趣旨を説明し同意を得た。

　研究協力者への倫理的配慮、権利の保障のために、（1）プライバシー・匿名性・機密性確保の権利の保障、（2）研究目的・内容を知る権利の保障、（3）不利益を受けない権利の保障、（4）自己決定の権利の保障について説明し同意を得た。

目　次

図目次

表目次

1. 実習指導の重要性

佐々木　由惠

　本書に収録した実習指導に関する研究は、地域完結型医療における、多職種連携かつ地域完結型の総合的能力を備えた人材を育成・実習体験をするための人材交流基盤を構築するためのものである。

　WHO（World Health Organization）は、1980 年代から多職種連携や多職種連携教育の重要性を指摘し、各国に政策的推進を促した。超高齢社会である我が国では、要介護高齢者の介護問題、地域完結型医療への取り組み、医療費削減といった課題が急務となり多職種連携は必要不可欠な状況となってきた。我が国の少子高齢化のスピードは止まることなく、さらには経済状況の停滞とも相まって、高齢者へのケアは介護保険制度のみでは対応できなくなってきており、2011 年の介護保険法改正や 2014 年の医療介護総合確保推進法によって、地域包括ケアシステム（住まい・医療・介護・予防・生活支援の一体的な提供）が推進されることとなった。

　このような中で、我が国の大学でも多職種連携教育 (Inter Professional Education: IPE) の取り組みが保健医療福祉系の大学を中心に行われている。しかしながら、日本社会事業大学は社会福祉の単科大学であり講義

1

や地域型実習教育などを通じて多職種連携を学習する機会はあるが、訪問医療系の現場体験を通して医療系の専門職の実践や思考と触れ合うという機会はないに等しい。

　そこで、上記のような課題に取り組むために、訪問看護の現場を体験したいと希望する同大学の学生3年生・4年生12名を対象として、訪問看護実習を3日間ずつ組み込んだ。実習目標として、「①訪問看護の対象者とその家族の療養生活を知る。②訪問看護の援助内容とコミュニケーションを体験する。③学生が印象に残った場面を省察し、看護師と実習生の思考の違いを振り返ることで互いの専門性を認識する。」を掲げた。実習終了後は、研究者と参加学生でどのような学びがあったかを情報共有するための場を設けた。

　多職種連携に求められるコンピテンシーは、利用者や家族を中心としたケアや職種間のコミュニケーションが基盤となる。学生は、がん末期の自宅療養者や手術後に創部がふさがらない状況にいる療養者、難病で終日臥床して暮らしている療養者等を訪問し、「なんて言葉をかけてよいか躊躇した」「創部を見てびっくりした」「どんな言葉をかけたらよいのか戸惑った」などの声がきかれ、学生は、療養者やその家族との向き合いコミュニケーションの難しさを実感したようであった。また、医療ケアができない福祉職にとって、どのような役割が自分たちにはあるのかという福祉専門職としての専門性について明確化していかなければならないという課題に気づかされたようである。特に介護福祉を学ぶ学生にとっては、医療的ケアの演習はしたものの実際の場面で利用者の苦痛や負担を目のあたりにし、改めて医療的ケアの重さを実感できたようである。

　多職種連携のためには、専門職としての能力以外に、基本的なコミュニケーション能力と専門職や個性が異なる相手と有効にアプローチする能力が必要である。また、職種間の地位や力の格差から生じる障壁、さらには、知識や価値観など専門文化の差異も葛藤を生じさせる要因であり、それを解決していく能力が求められる。本研究を通し、多職種連携の方法や葛藤解決についての知識やスキル不足も学生の今後の学習課題として浮かび上がってきた。多職種連携のスキルの一つとして、「共通言語」が必須であるが、社会福祉を学ぶ学生は、医療知識を学習する機会が乏しく地域包括ケアシステムの中で協働していくためには、大学のカリキュラムの中で強化を図る工夫が求められる。多職種連携に必要なそれぞれの専門職がどのような専門職文化を持ち、どのような思考に基づいてケアを実践に移しているのかを体験教育していくことが求められてきているともいえる。

　多職種連携に求められるスキルの土台は、対人関係・援助能力である。社会福祉の専門性のひとつとして対人援助技術のスキルが重視され、大学においてもその教育に力を注いでいるが、連携する他職種も同様に対人援助技術を土台として実践を行っている。

　社会福祉に携わる者として、自身の専門性を理解し自身の果たすべき役割を実行できるためには自身の専門性を磨く以外にない。本研究の被験者として参加した学生にとっては、改めてそのことを認識する機会となった。と同時に、地域包括ケアを実践していくためには、お互いの専門性を知り、顔の見える関係作りが大切であることを、実習を通じ実感したという言葉がきかれた。

　訪問看護実習に送り出した側の反省点としては、訪問看護の役割や仕

組みについての説明が不足していたこと。互いの思考を省察するための記入用紙の記載方法の練習が不足していたこと。学生は授業の合間を縫って実習に参加したため、訪問看護ステーションとの日程調整が難しく、連続実習が組めなかったことなどいくつかの課題が残された。

　彼らが現場で活躍する時代は、多職種連携のみならず、他国の人材とも連携していくこととなる。今回の体験が、自身の専門性を確認し、互いの専門性や専門文化を尊重しつつ、チームとして利用者利益のあるサービスにつなげていける役割を果たしてほしい。

　そのためには、「多職種とのコミュニケーション能力」が求められ、今回の実習のように顔が見える中で多職種の専門性を知ることは貴重な体験であったと思う。医療制度の度重なる改革により、介護が必要な高齢者は疾患も抱えながら在宅や施設で暮らすことが多く、介護職を目指す者にも、今後は、ますます医療面での基礎知識が医療職との連携協働を保つために必要とされるであろう。

2．思考スキームによる実習指導の試行

栗原　好美

　1989（平成元）年、高齢化社会を見据えゴールドプランが策定された。その後、新ゴールドプラン（1994 年）やゴールドプラン 21（1999 年）と展開される中、2000 年から介護保険制度が施行され、逐次介護サービスの充実が図られ、高齢者が健康で生きがいをもって社会参加できる社会の構築が目指されてきた。高齢者数は今後もさらに増加し、2030 年には高齢化率が 30％を超えるものと想定されている。世帯割合でいえば、高齢者世帯の 4 割弱が独居、3 割強は夫婦のみの世帯と、大部分は高齢者のみの世帯となるとされている。そのため、国では団塊の世代が 75 歳以上となる 2025 年を目途に、高齢者が可能な限り住み慣れた地域で、自分らしい暮らしを最期まで続けることができるよう、地域における「住まい」「医療」「介護」「予防」「生活支援」の 5 つのサービスを一体的に提供できるケア体制（地域包括ケアシステム）の構築を推進している。

　地域包括ケアシステムという用語が 2005 年の介護保険制度改正で初めて使われ、それに基づいて地域包括支援センターが創設された。2011 年の同改正では、条文に「自治体が地域包括ケアシステム推進の義務を担う」と明記、システムの構築が義務化された。2013 年、2014 年の報

5

告書では 5 つのサービスに加え、「自助・互助・共助・公助」からみた地域包括ケアシステムについて説明し、在宅生活を選択することの意味を、本人とその家族が理解し、心構えを持つことの必要性を報告している。

　高齢者の増加と、政策やサービスの充足に伴い、訪問系サービス対象者、事業者共に増加した。高齢に伴うサルコペニアや認知症だけでなくがんや難病といった医療依存度の高い対象者が地域・自宅で生活できるようになっている。そのため医療職だけでなく介護職も病状が進行し重度要介護状態の対象者や、酸素や吸引、褥瘡やストーマ管理等が必要な対象者のニーズに応える対応が求められる。2012 年からは一定の条件を備えた介護福祉士による経管栄養、痰の吸引も可能となった。このように様々な対象者の増加に伴い、ますます一人の対象者に関わる職種は増え連携は必須となる。

　しかしながら、現行のカリキュラムでは看護師や医師、リハビリ系のセラピスト等と同行し、各専門職の働きや役割を体験的に学習する機会は組まれていない。卒業後、介護職は実践力即戦力となり得る人材であるにもかかわらず、現場教育は OJT に頼るところが多く、これらの医療職との多職種連携は実際に現場を重ね経験を重ねる中で学習する形態となっている。残念なことに、共に対象者の生活を支える看護職と介護職でさえ、時に共通認識を図れず、連携に困難を感じる場面もある。

　近年、医療系の総合大学等では、医学部生、看護学部生、薬学部生、リハビリ系の学生が合同で事例を検討、複数の異なる学科で組まれたメンバーでグループワークを行い、各専門職の強みや役割の特徴を理解する等の連携、協働を念頭に置いた学習も組まれている。

　そこで、地域連携における職種間連携を潤滑にするため情報の共有化、介護職として連携のあり方を学生のうちに学ぶことは賢明と考え、以下のような方法で実習を試験的に行った。

2. 1. 方法

対　　象	介護福祉系大学 3・4 年生、12 名
実 習 期 間	2016（平成 28）年 5 月から 2016 年（平成 28）年 11 月
実 習 場 所	都内の訪問看護ステーション 1 か所 訪問看護師 8 名、1 か月の療養者数は約 50 名。 一般的な訪問看護ステーションと比べ、がん末期や難病等の医療依存度の高い療養者が半数以上占めることが特徴である。
学 習 方 法	1 日 2〜3 件、訪問看護師と同行訪問を行い、訪問看護師の対応を見学する。 訪問直後に思考スキームに基づくリフレクションを行った。思考スキームとは、認識の違いを抽出・可視化するために構築した「事実（fact）・根拠（reason）・行動（action）」モデルによるプログラムである。 3 日間の実習後に、全体の学びや感想を A4 判 1 枚程度にまとめた。 2016（平成 28）年 12 月に学生、訪問看護ステーションの管理者、訪問看護師と合同の学習発表会で学びを発表した。

2. 2. 実習目標

- 訪問看護師とサービス提供の場（対象者宅）へ同行し、利用者の訪問看護ケアの実際を理解することができる。
- 訪問看護師のケアを観察し、介護ケアと共通点および相違点について比較するし、福祉（介護）と福祉それぞれの専門性と役割を理解することができる。
- 多職種連携の必要性および利点と今後の課題について理解することができる。

2．3．指導上の留意点

　指導要領は、看護学生の３年生を対象とした一般的な在宅看護学実習に則り指導した。

　具体的には以下である。
- オリエンテーションとして訪問看護の概要、実習先のステーションの特徴、訪問先での振る舞いや言葉掛け等の対応や言動について説明、助言した。
- 訪問前に療養者の概要（病歴や心身の状況、家族背景、治療方針、療養生活の意向等）について説明した。
- 訪問先では療養者やその家族の負担にならない程度に状況を説明しながらケアを行い、状況が整えば、学生が直接コミュニケーションを図る機会の提供を心掛けた。
- 訪問後は体験を言語化できるよう、療養者の状況を説明し、実施した一連のケアや療養者や家族、看護師の言動について意味づけした。
- 実際の見学場面を元に、看護と介護の相違点や介護職として望ましい対応や連携について検討した。

2. 4. 結果・考察

2. 4. 1. 学生や療養者の背景

　3年生10名、4年生2名、延べ30日の実習を行った。実習期間は休講日や週末を利用し、連続しない3日間もしくは、連続する2日と連続しない1日の実習形態となった。3日間参加した学生は9名、1日のみ参加した学生が3名であった。1回の実習で1名から2名の学生が参加し、1日2件から3件の訪問を行った。異なる実習日に、同じ療養者を複数回訪問した者もいた。同じ療養者の元へ異なる学生が訪問させていただくケースもあった。実習は見学実習が主だが、訪問看護師と共に療養者の身体の保持、飲水の介助や更衣介助、ベッド周囲の環境の整備を行った。

　療養者は30代から90代、独力で歩行できる方から独力で体位を変えられない方までおり、認知機能の低下や意識レベルの低下した状態の方もいらした。高齢者のみの世帯や独居、3世代同居や就労の有無等、対象者の特徴は幅広かった。在宅酸素療養、輸液投与、尿道留置カテーテルの利用、中心静脈栄養、胃瘻、人工肛門、難治性の褥瘡等、様々な医療的ケアを見学できた。

　訪問中に事故や訪問後のクレーム等は生じなかった。学生との会話を楽しみにしていた療養者もいた。特に外出できない療養者の場合、会話の相手は訪問系サービスの担当者に限られる。そのため、訪問中の会話

は療養者の楽しみの一つになる。勿論これは、訪問看護ステーション側で予め、実習学生の受け入れを了承されると思われる療養者へ依頼していた事も関係していたと推測される。それでも、訪問した学生達が対象者を慮り、少しでも力になりたいと真摯にコミュニケーションを試みた結果であり、実際、初回よりも２回目の訪問の方が学生も実習にも訪問看護師にも慣れ、和やかに会話できていたように感じた。

2.4.2. 学生の学び

（※『』は学生の記録物や発言からの引用）

今回の実習は３年生にとっては初めて看護師と関わり、初めて対象者の自宅へ伺わせていただく機会であった。４年学生も、施設実習や訪問介護実習で看護師の記録を目にしたり、看護師のケアを目にすることはあっても、実際に医療依存度の高い療養者と関わるのは初めての経験であった。

そのため『今までの介護の実習で関わった時はそんな事なかったのですが、看護を受ける人だと思うと何を話して良いか分らなかったです』という発言や『酸素マスクを外して顔を拭いてもよいのですね』『自分の考えの方が効率的であっても、生活スタイルを非難することはいけない、尊厳の保持という面からもあってはならない』という発言もあった。このように、私たち看護師であれば当然の事象や対応にも、戸惑い、衝撃や驚きを感じていることが分かった。また、『（認知症患者の訪問の際）チャイムを鳴らす等、具体的な行動が記されていた』『脱いだ靴を

どこに置けば邪魔にならないかと、当たり前の事であるが意識していなかった』と感心し、『（療養者のプロフィール欄の情報の少なさを見て）普段私たちが聞き過ぎているのかもしれない、療養者さんを知らないといけない（十分なケアができない）と思い込んでいた』と、体験から自身の経験を振り返り、考え直す機会となっていた。一方で初学者であっても『（右麻痺の療養者の洗濯畳みの場面で）両手で畳むのは難しい、少しでも右手を動かしてもらい状態を悪化しないようにしたい。本人に畳めそうな物を聞き、ゆっくりでも良いので右手を使って洗濯物を畳んでもらう』と、持っている能力を維持向上する働き掛けをとらえ看護師と同じ視点で考える事ができ、『末期がんの療養者さんの奥さんが来年の 5 月で結婚 30 周年と話した、望みをつなぎたいという思いから出た言葉。できるのは傾聴すること、できること(介護ケア)を精一杯やること』と家族の発言からその心情に想いを寄せ、支援する職業人として大切な要素を兼ね備えた発言も聞かれた。

　1 時間以上かけ訪問看護ステーションへ通学し、3 日という短い期間で、初めての看護師や療養者と関わり学習する学習環境の中、学生自身が本来もつ力を十分に発揮するためには、学生自身の体力と積極性、実習受け入れ先のレディネスを理解した態度が必要だった。今回、参加した学生は自身の時間で学ぶバイタリティを持ち合せていたためか、そう硬くならずに看護師へ質問ができたように見受けられた。それでも、看護師から「もっと積極的になってほしい」と意見があった事から、学生が質問できなかったり考えを述べられず口ごもってしまった場面があったと思われる。これには、事前学習における看護や訪問看護のシステムへの知識不足や理解不足も一つの要因と考えられる。また、断続した 3 日間で異なり対象者を複数件訪問するスタイルは、十分に学習環境に慣れる前に実習が終了となり、対象者の理解不足のまま訪問していた可能

性もある。この事により事前学習や目的意識を高める記録物等の準備や実習期間の延長が必要だと思われる。また「事実・根拠・行動」に分け記入する思考プロセスの枠組みにより、事実や行動を意味づけ、漠然とした行動や感想に留まらず理解する方法として有効だった。何よりも、今回訪問看護ステーション側は介護系学生のカリキュラムを十分に把握せずに実習に臨んでいる。そのため、学生に対する指導が不十分だった可能性もある。今後、他職種を受け入れる場合、自身の経験や既存の指導方法だけに頼らず、その職種の社会制度や学習内容等の理解を深め臨む事が大切だ。これにより学生が遠慮せずに発言できる環境や自身の考えを言語化し、より考えを深められる意図的な質問や助言等の指導力の向上にもつながると思われる。

　学生のリフレクションやレポートを振り返ると、実習目標の「1. 訪問看護の実際」は断片的ではあるが理解でき、学生なりに意味づけできていたと判断した。「2. 福祉（介護）と看護の相違」「3. 多職種連携の必要性や利点」の記述は乏しかった。特にこれから介護実習に臨む 3 年生は自身の介護観が定まっていないため、検討する事はまだ困難だと思われる。今回の実習でこれらの考察に至らなかったとしても学生たちにとって貴重な体験となったことは確かだと感じた。今後、介護実習や実践経験を経て介護観を育て、時として振り返り、検討し成長する糧になることを願っている。

2. 5. 結語

　多職種連携のあり方を学ぶために、介護系学生を対象に訪問看護ステーションで見学実習を行った。学生は「訪問看護の実際」について理解を深めていた。多職種連携では、自身の専門性や多職種の専門性の理解は必要になる。今後、「看護と介護の相違」、「多職種連携の必要性や利点」にまで理解を深める働き掛けが必要である。そのためには、事前準備や実習期間、実習場所の検討、他職種がその職種のレディネスを理解して指導する指導力が求められると示唆された。

３．思考スキームによる実習指導方法

神山　資将

　思考スキームによる実習指導（Thinking Scheme based Practical Training: TSPT）は、知識共創という知識科学のアプローチを応用している。知識共創とは、様々な背景を持つアクターの相互作用による知識創造の概念である。知識創造は次のような知識の変換であると説明することができる。

（1）新しい知識を創造すること（創造）
（2）知識を別の文脈（人間、分野等）に転移させること（継承）

　これを踏まえると、実習指導は３つの知識創造（知識共創）の側面を持つ。

（1）アクター※の協働によって新しい知識を創造すること
（2）アクター※がそれぞれの知識を互いに他者に転移させること
（3）現場実践の知識を、教育の知識に転移させること
※実習生、指導者、教員、利用者、職員等

実習指導には、現場の多様性と教育機関で学んだ知識の体系性を総合する役割がある。TSPT は、実習指導を知識共創の環境と位置づけ、実践を教える者（受入機関の指導者・職員）、知識を教える者（教育機関の教員）、実習生という三者を中心に、利用者やその家族、他の職員といったアクターが相互に影響し合い知識創造するための方法論およびツールを総称したものである。

　TSPT は、多職種連携における知識共創を目的とした協働手法（Inter Professional Knowledge Co-creation approach）である。神山・佐々木の研究成果（神山・佐々木、2011）を基にしている。多職種連携における知識共創を目的とした協働手法の研究は、異なる専門的知識（それぞれの専門職が共有する知識）を持つ者が互いの専門的知識を可能な限り共有することを促し、その中で（部分的な理解の中）、共有された知識から創造的問題解決を支援することが目的である。ここでいう創造的という語は、マズロー（1987）による創造性の定義を基にしている。よって、特別な才能による創造活動を意味するものではなく、ある問題に対して、連携するアクターが互いに価値を見いだせるものを作り出そうとする活動をいう。その手法の一つとして、各専門職が自らの認知構造を表出するための枠組みとして「思考スキーム（Thinking Scheme）」を提案している。思考スキームは「事実」「根拠」「行動」の３要素から成り立つ思考的な枠組である。人間の思考を３つの一般的な枠組みに落とし込んで（共通の枠組みに入れ）、互いに比較検討するものである。事実、根拠、行動といった思考スキームの要素を「思考スキーム単位」と呼ぶ。

　事実とは自分が「何を見たか（認識したか）」ということ、行動は「見たこと（事実）に対してどのように働きかけるか」、根拠は「事実から行動を判断するための価値基準（理由）」である。枠組み自体はプロセ

スレコードや SOAP 等とも類似した部分があるが、思考スキームは次のようなものを目的に作成された枠組みである。

(1)　複数の思考を比較検討すること
(2)　思考の操作（思考の掘り下げや抽象化等）をすること
(3)　思考の数量的に分析すること

　思考の枠組みは、人間の思考が多様であるのと同様に、多種多様な形態があると想定できる。専門的知識も、形式知化されていないような専門的なスキルも、ある程度までは枠組み化することができるだろう。これらは多様で詳細な構造を持っているとしても、思考スキームを構成する 3 種からなる単位で平準化して扱うことができると考える。

　この思考スキームは、自らの思考を強制的に客観化する効果があるとともに、他の人の思考スキームとの比較・差異を明瞭に把握する効果がある。さらに、思考スキームの要素を検討していくことで、思考のより深い部分を検討することができる。

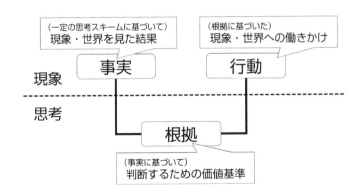

図 1　思考スキームの構成

思考スキームは知識共創を伴う思考活動を促進するもので、暗黙知を表出させ、形式知を整理し、思考活動の操作性を高める概念である。さらに、思考スキームを他者の思考スキームと比較することで、他者と思考を共有し、知識の共創を促すものである。他者と思考スキームを共有する際には、自己の暗黙裡の行動の判断や前提を明確に表出する必要があるため、より深いレベルの自己への問いが促される。

　人間の意識には階層性があると仮定すると、発言や行動として認識できるものは人間の意識の中の一部であり、そのような発言や行動の下層にはパターン化された意識があると考えられる。このパターンには、パターンを生成する下層（構造）が想定されている。このような層構造を仮定するならば、一つの思考スキームにも膨大な思考スキームが背景に存在することになる。私たちが表出できる思考スキームは、上層の思考を表出しているにすぎない。なぜそのような思考スキームを導き出したのかを考えるための根拠となる意識はより深い層の中にある。思考スキームの要素（事実、根拠、行動）の一つひとつを「なぜ？」と検討していくことで、その要素を支えるパターンが抽出される。複数の人間が連携・協働する場においては、根拠を明瞭にしていくことが重要である。

　思考スキームは各人が持つ思考の一端である。日常、私たちが他者とコミュニケーションをするとき、いちいち根拠まで説明することは少ない。しかし、実習指導のように経験や習熟度に差異がある者同士が協働する場合には、「自分は何を見て（事実）、どう考え（根拠）、行動する」という、いわば連携・協働の「構文」に従ってコミュニケーションすることが望ましい。

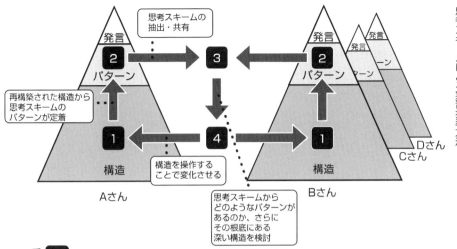

手順 **1** 体験している文脈を個々人が理解する。

手順 **2** 体験したことについて思考スキームを記述する。

手順 **3** 共に体験したチームで集まり、互いの思考スキームを共有する。
最初に要素だけを皆で共有し、次にどの要素を組合せて
思考スキームにしているかを共有する。

手順 **4** 互いの思考スキームを理解したうえで、
自分の思考スキームの傾向を確認する。
（暗黙に自分の思考スキームに変容が生じている）

図 2　思考スキームの共有から思考スキームの変容の手続き

　複数人が同じ場面を共有して、それぞれ思考スキームを生成した場合、その思考スキームをまとめて「思考スキーム組（Thinking Scheme Set）」という。

　異なる思考を持つ者が協働する際には、表層的な思考スキームだけでは不十分なことがある。その際には、より深い層の思考を掘り出して共有する必要がある。そのための手法として、図2に示す手順を提案する。

3．1．思考スキームによる実習指導で用いる概念

3．1．1．思考スキームによる知識の変容

　神山・佐々木（2011）は、認知構造を表出するための枠組みとして「思考スキーム」を提示した。思考スキームは事実、根拠、行動の3要素から成り立つモデルである。思考スキームは人間が行っている情報処理活動（入力、処理、出力）に対応した構成となっているため、この枠組みで自らの行動や考えを説明することによって、自己をメタ認知的な視点から捉えるトレーニングにもなる。

　神山・佐々木（2013）は、思考スキームの展開サイクルを図 3 のように整理した。

　新しい知識の入力があった際、既存の認知構造と矛盾が少ない形に体系化、変容させ記憶する。異なる認知構造を持つ者がコミュニケーションする場合、同一の事象に直面したとしても同じように記憶することを期待するのは難しい。

　神山・佐々木（2013）は「価値（根拠）による解釈の結果」が知識の変容を引き起こしているものと仮定し、解釈の基となった根拠を思考スキームによって強制的に想起させ、自らの認知構造を意識させることを促すことをめざしている。

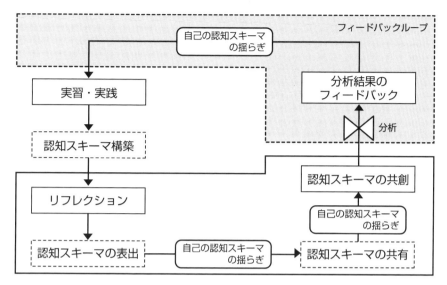

（神山・佐々木、2013）を一部改変

図 3　思考スキームの知識変容サイクル

　暗黙知を思考スキームで整理し、自己の精神活動のリフレクションを行う。根拠で、行動の判断をした価値を明確に導出することが促されるため、より深いレベルの思考で「なぜそう判断したのか？」「その判断基準は何か？」「どうして A ではなく、B なのか？」という問いが強制される。価値を明示することで、異なる認知構造を持つ者との間で齟齬を最小にした知識共有が可能となり、知識共創が促される。このように、思考スキームは自己の認知構造を表出もしくは想起することを促す枠組みという機能も含め、以下の 4 つの機能を持つ。

（1）暗黙知を形式知に表出する思考操作

（2）枠組みに基づいた、他者との思考の共有（比較分析）

（3）枠組みに基づいた、形式知としての思考の構築

（4）共有された思考を基にした、新たな経験の促進

3.1.2. 他者思考と自己思考

思考には２つの思考が存在すると仮定する。それは他者思考と自己思考である。自己思考とは、自分が認識し得る、自分が行っている思考である。他者思考とは、他者が行っている思考を自分が推測したものをいう。

表 1 他者思考と自己思考

他者思考	他者の思考を推測した思考
自己思考	自分が認識し得る、自分が行っている思考

3.1.3. リフレクションのあり方

本実習指導では「多職種連携の思考レベルでの理解」を教育の目的として挙げている。そこで、多職種連携における思考レベルの理解を促すために、自己思考の外化も重要であるが、他者思考を構造的に推測するというスキルも重要である。他職種の思考がどのように展開するのかを限定された情報環境において可能な限り推測することができるかどうかは、多職種連携する上での実践的能力の基盤となるものであるからだ。

ケア提供という場面において「思考」という場合、ケア提供者とケア受容者との間でのやり取りがどのような思考を展開することになるかが複雑な推測をもたらすことになる。そのため、リフレクションにおいてこれら思考の過程を検証することが必要となる。

リフレクション１型は、利用者についての実習生と職員の思考スキー

ムの違いを導出するものである。実習生の他者思考と職員の他者思考の対象が「利用者」で、その他者思考を比較対照するものである。実習生は、職員の思考と比較することができる。

　一方、リフレクション2型では、実習生はケア提供時に利用者について推測（利用者についての他者思考）した思考スキームを記述するのではなく、職員の思考スキームを推測するものである（他者思考の対象を職員にする）。職員はケア提供時における他者思考の対象が利用者である。実習生の他者思考と職員の他者思考を比較することで、実習生は職員の思考を推測できているかを確認するものである。

　1型であれ、2型であれ、最終的には「自職種の理念的思考スキーム」を実習生に考察させ、仮説を導き出させることが目的である。この型の違いは、思考スキームが意識している方向についてである。1型ではそれぞれの職種は利用者と自らのコミュニケーション上において自己思考を展開する。2型では、自己思考する者は1型と同じであるが、もう一方、実習生は利用者と職員のやり取りを観察することで他者思考を展開する。1型はそれぞれの思考スキームが独立し、確立した体系を持っているということもできるが、反対に、閉鎖的な思考の視野を持っているといえよう。

【リフレクション1型】

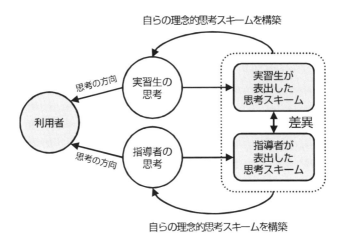

【リフレクション2型】

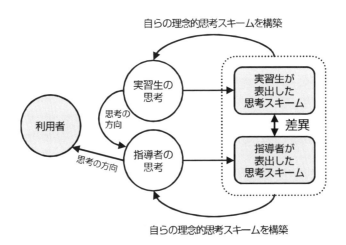

図 4 思考スキームによるリフレクション1型・2型

　2型は、徒弟制教育でもみられる、熟達者のスキルを初学者が観察し、その模倣を通じて学習をするものである。

　2型は、ケア場面において1人で行為を実施するスキルがなくとも、職員の思考を推測し、そこから「自分ならこうする」という思考パスを経て自己の思考を展開することができる。その意味では現場の体験が少ない実習生にとって取り組みやすい思考スキルである。

　1型は、自分がケア場面で行為を実施するスキルがある程度備わっていることが前提となる。または、ケア場面の情報がある程度把握できていることが前提となる。この場合、実習生も職員もそれぞれのケアを立案し、それを比較するということになる。

　1型は、実習生と指導者（職員）が同じ視線で同じ場面を共有することになり、それぞれが構築した思考スキームは単純に比較検討することができる。場面が現象として共有されているからこそ、その場面における思考の差異は純粋に思考の特性を反映するものとして分析できる。

3. 1. 4. 自生率と他生率

　自職としての構築した思考スキームの構築の過程を分析する際には、その構築過程における相互作用を明確にする必要があろう。ここでは、以下の枠組みを導入する。構築された、構築した思考スキームの思考スキーム単位が自らの思考スキーム中から由来するものか、職員の思考スキーム中から由来するものかを数値化する。

実習生が最初に記述した思考スキーム中の思考スキーム単位を共創した思考スキーム単位に継承させた（残存させた）場合、それは自生的な構築として考え、共創した思考スキームの思考スキーム単位中の割合で指標化したものを「自生率」とする。

　職員が最初に記述した思考スキーム中の思考スキーム単位を共創した思考スキーム単位に継承させた（学習した）場合、それは他生的な構築として考え、共創した思考スキームの思考スキーム単位中の割合で指標化したものを「他生率」とする。

　また、自生的な記述と他生的な記述以外に、自生的であるか、他生的であるか記述上は判別できないような構築思考スキーム単位については、今回の記載様式では表現できなかったが、何かしら、実習生と職員間で創造的な解決をみたものとして、共創的な構築と考える。共創した思考スキームの思考スキーム単位中の割合で指標化したものを「共創率」とする。

表 2　思考スキームの構築過程の指標

自 生 率	実習生の記述が構築に継承された場合、自生的な構築として考える。共創した思考スキームの思考スキーム単位中の割合で指標化したもの。
他 生 率	職員の記述が継承された場合、他生的な構築として考える。共創した思考スキームの思考スキーム単位中の割合で指標化したもの。
共 創 率	自生的とも他生とも判別できない構築を共創的構築と考える。共創した思考スキームの思考スキーム単位中の割合で指標化したもの。

3. 1. 5. 思考スキーム単位の分類

　思考スキーム単位は、分析のために内容によって分類する。分類する区分（タグ）は図5と表3に示したものを今回の分析では想定した。

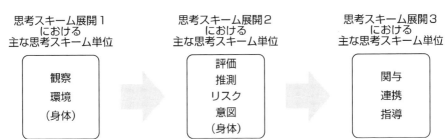

思考スキーム展開1
における
主な思考スキーム単位

観察
環境
（身体）

思考スキーム展開2
における
主な思考スキーム単位

評価
推測
リスク
意図
（身体）

思考スキーム展開3
における
主な思考スキーム単位

関与
連携
指導

図 5　動詞的な分類の思考展開の定義

表 3　思考スキーム単位の分類

分類		定義
アクター	職員	思考スキーム単位が職員にフォーカスしている。
	利用者	思考スキーム単位が利用者にフォーカスしている。
	家族	思考スキーム単位が家族にフォーカスしている。
相互作用	発言	発言について指摘している。
	意図	意図について指摘している。 （意図は「評価」や「観察」を前提にしている）
	関与	ケア提供やコミュニケーションについて表現している。
専門性	連携	他者と連携することを指摘している。
	評価	何らかの観察を通じて評価したことを表現している。（完了形）
	リスク	「評価」の中で、特にリスク（医学的・物理的・社会的等）についての「評価」を指摘している。
	身体	身体についての「観察」「推測」「評価」を指摘している。
	環境	アクターを取り巻く物理的、社会的、心理的環境を指摘している。
	観察	何らかを観察することを指摘している。（未来形／進行形）
	推測	何らかの手掛かりを基にして推測したことを指摘している。
指導	指導	実習指導上で指摘している。

ここで設定したタグは、実習指導等の文脈が異なれば、それに応じて
カスタマイズできる。あらかじめ、実習指導の環境やアクター、時間軸
等を想定して、タグを設定することもできる。しかし、実習指導とその
後のリフレクションで得られた結果を踏まえて、実際に記述された思考
スキーム単位を過不足なく分類できるようにタグを設定することも可能
である。

表 4　構築の類型

思考スキーム単位間継承	実習生、職員の別なく、議論している思考スキーム組外の思考スキーム単位（もしくはその一部の記述）から継承したもの
非記述導入	思考スキームの記述にはないが、リフレクションの議論において新たに構築されたもの
短縮化	実習生、職員の別なく、議論している思考スキーム単位の記述を一部削除（短縮）して継承したもの
表現変化	実習生、職員の別なく、議論している思考スキーム単位の記述を意味を変化させず、語彙、分節のレベルで変化させて継承したもの
抽象化	実習生、職員の別なく、議論している思考スキーム単位の記述における事物の抽象化（上位概念化）を行い、継承したもの
具象化	実習生、職員の別なく、議論している思考スキーム単位の記述における事物の具象化（詳細化）を行って、継承したもの
接近	議論している思考スキーム組の実習生、職員の双方の思考スキーム単位の記述を両方取り込んで構築したもの
視点転換	実習生が記述した内容を基にして、視点転換して継承したもの
不変更継承	実習生、職員の別なく、どちらか一方の思考スキーム単位の記述を、そのまま継承しているもの

3．2．思考スキームによる実習指導のツール

実習指導と実習指導後のリフレクションの際に、実習生と指導者（職員）が用いるツールは大きく２種類である。一つは職種間思考共有シート（図６）で、もう一つは思考スキーム付箋（図８）である。

職種間思考共有シートは、同じ事象についての実習生と指導者（職員）の思考スキームを比較検討し、そこから実習生が「自職種としてどのように考えるべきか」を創造し、構築した思考スキームを記述するためのリフレクションで用いるツールである。

職種間思考共有シート

氏 名		実施日	年　月　日	（　枚／　枚）

自分が記入した 思考スキーム付箋	他職・指導スタッフが記入した 思考スキーム付箋	☑ する	異なる点・共通点	自職種としてあるべき 思考スキーム付箋
思考スキーム付箋を貼ってください	思考スキーム付箋を貼ってください	□事実 □根拠 □行動		思考スキーム付箋を貼ってください
思考スキーム付箋を貼ってください	思考スキーム付箋を貼ってください	□事実 □根拠 □行動		思考スキーム付箋を貼ってください
思考スキーム付箋を貼ってください	思考スキーム付箋を貼ってください	□事実 □根拠 □行動		思考スキーム付箋を貼ってください

図６　職種間思考共有シート

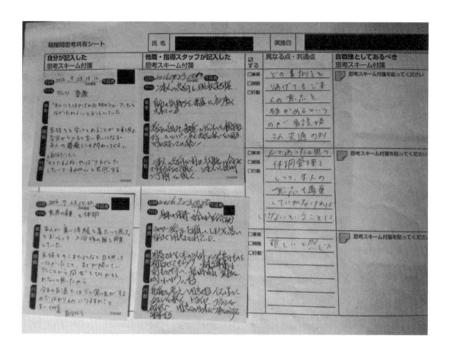

図 7 職種間思考共有シートの記入例

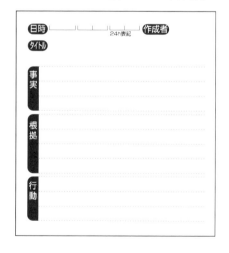

図 8 思考スキーム付箋

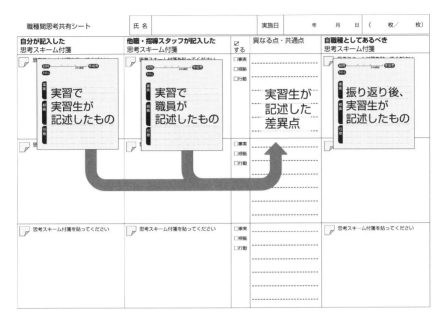

| 職種間思考共有シート | | 氏 名 | | | 実施日 | 年 月 日 | （ 枚／ 枚） |

図 9　職種間思考スキーム共有シートへの記入説明

　思考スキーム付箋は、思考スキームを記人する付箋型のシートである。思考スキームの単位ごとの記入欄と、記入した思考スキームが想起された日時を記入する欄、思考スキームのテーマ等を記入する欄が用意されている。

　実習生は、実習の中で自分がどのような行動をしたのか、思考スキーム付箋に自己の思考を記入する。この記述は実習中に記述するのは難しいため、実習当日の振り返り時に記述することを想定している。記載された思考スキーム付箋を基にして、指導者（職員）とリフレクションを行う。指導者（職員）は、実習生が記載した思考スキーム付箋の事象を振り返り、リフレクション時に自らの思考スキームを記載する。

実習に参加した実習生と指導者（職員）には、思考スキーム付箋および職種間思考スキーム共有シートへの記入の手順と要領を次のように説明した。

3．2．1．思考スキーム付箋の記入法

1）自分が訪問した先で、「行動した」ことを、すべて、思考スキーム付箋の「行動」欄に記入してください。

  （ア）たくさんある場合は、特に気がかりな場面での行動について記入してください。

  （イ）1枚の付箋には1つの行動のみを記入してください。

2）それぞれの行動について、その行動をしようと判断する際に、自分は何を見て判断したのかを「事実」欄に記入してください。

3）それぞれの行動について、その行動をしようと判断する際の「根拠」を記入してください。

  ※「事実」欄に記入したものを「根拠」にするのは好ましくありません。自分が観察した「事実」から、この場面で自分は何をすべきか考える際に、何を一番大切だと考えたのか、それを根拠として記入してください。

3．2．2．職種間思考共有シートの記入法

1）自分が記入した思考スキーム付箋を左欄に貼ります。

2）指導スタッフに対して、自分の行動を成り立たせている、「事実」

34

認識と、それに対する「行動」とその「根拠」について説明します。

3）指導スタッフが、同じ場面（事実）に直面した場合、どのような思考スキーム付箋を記入するか、記入してもらう。（付箋は中央の欄に貼ってもらう）

4）自分と、指導スタッフの思考スキーム付箋を比較する。共通する点、異なる点を「事実」「根拠」「行動」ごとに明確にする。

5）4）での検討を踏まえ、自分の職種に期待される専門性を、多職種連携の中で生かしていくために、「あるべき」行動・思考のありかたを再度、思考スキーム付箋に記入してください。記入した「あるべき」思考スキーム付箋は右欄に貼りつけてください。

3. 2. 3. 検討のポイント

リフレクションの際の注意事項として、以下の点を指導・検討するようレクチャーした。

※共通する点が多ければよいというわけではありません。思考が共通するということは、多職種連携しても、それぞれの職種が持つ固有の専門性（思考）を生かすことができないからです。

※しかし、異なる思考ばかりで、互いに理解できる部分がないという状態も好ましくありません。協働する際には、互いの行動の根拠を理解した上で、自職種の専門性を展開しなければならないからです。

※共通点と異なる点を明確にした上で、他職種と協働する中で、「自
職種がなすべき」行動を再度検討して、あるべき思考を思考スキー
ム付箋に記入してみましょう。

3. 3. 分析の手続き

　実習後のリフレクションを経て、記入された思考スキーム付箋と職種間思考共有シートを対象として、次のような手続きで分析を行った。

表 5　分析手順

①データ化 （図 10 参照）	●分析可能な職種間思考共有シートを精査する。 ●職種間思考共有シートのテキストをデータ化する。
②分節化 （図 11 参照）	思考スキーム単位を意味的まとまりに分節単位に分ける。
③分類付与 （図 12 参照）	分節単位ごとに分類を付与する。
④構築類型分析	文節単位ごとに、「構築がどのように行われたか」で類型に分ける。

▼実習生

事実	根拠	行動
気管支に穴が開いた経緯について利用者さんが職員さんに言っていた。「穴をあけられた」	…を聞いて必要があれば、医師に確認し…説明する。利用者さんは「説明はな…た」と言っていて、納得していない様…だった。インフォームドコンセントに…する。	納得してもらえなければ不信感につながってしまうので、利用者さんに説明をする。その場は傾聴する。

▼職員

事実	根拠	行動
利用者は膿胸で手術を行ったことに対して、「手術で気管支を切られたのは病院のせい」と発言した。	…部があることで、身体的苦痛があった…、生活に制限があることで、かなりス…レスを感じているのではと考えた。病…に対する不信感がさらにつのるよう…発言は控えなければならないと考え…	そう思う理由や医師からどのような説明を受けたのかなどを聞いた。

▼共通点	▼創造した思考スキー…		
	事実	根拠	行動
創部があることで、身体的苦痛や生活に制限があり、それによってストレスを感じていると職員さんは考えていた。	利用者さんは膿胸で手術を行ったことに対して「手術で気管支を切られたのは病院のせい」と発言した。	利用者さんが納得するよう…明がなかったことと…様々なストレスがあること…ら発言したと思われる。イ…フォームドコンセントに…しているため、利用者さん…納得してもらわなくては…けない。	その場では利用者さんにどのような説明を受けたのかなどだけを聞き、利用者さんの思いを傾聴する。必要があれば、医師に確認して利用者さんに再度説明してもらう。

	▼実習生		▼職員		▼創造した思考スキーム	
	分類	記述	分類	記述	分類	記述
事実	利用者 職員 身体	気管支に穴が開いた経緯について利用者さんが職員さんに言っていた。「穴をあけられた」	利用者 身体	利用者は膿胸で手術を行ったことに対して、	利用者 身体 (他)	利用者さんは膿胸で手術を行ったことに対して
			利用者 発言	「手術で気管支を切られたのは病院のせい」と発言した。	利用者 発言 (他)	「手術で気管支を切られたのは病院のせい」と発言した。
根拠	利用者 発言 関与 連携	話を聞いて必要があれば、医師に確認して説明する。			利用者 意図 評価 (自)	利用者さんが納得するような説明がなかったことと
			利用者 身体 推測	創部があることで、身体的苦痛があったり、生活に制限があることで、かなりストレスを感じているのではと考えた。	利用者 身体 推測 (他)	様々なストレスがあることから発言したと思われる。
	利用者 意図 発言 評価	利用者さんは「説明はなかった」と言っていて、納得していない様子だった。インフォームドコンセントに反する。			利用者 意図 評価 (自)	インフォームドコンセントに反しているため、利用者さんに納得してもらわなくてはいけない。

図 10 データ化の手順

意味のまとまり（内容のまとまり）で，分節化する

▼実習生		▼職員		▼創造した思考スキーム	
分類	記述	分類	記述	分類	記述
利用者 職員 身体 事実	気管支に穴が開いた経緯について利用者さんが職員さんに言っていた。「穴をあけられた」	利用者 身体	利用者は膿胸で手術を行ったことに対して、	利用者 身体 (他)	利用者さんは膿胸で手術を行ったことに対して
		利用者 発言	「手術で気管支を切られたのは病院のせい」と発言した。	利用者 発言 (他)	「手術で気管支を切られたのは病院のせい」と発言した。
利用者 発言 関与 連携	話を聞いて必要があれば、医師に確認して説明する。			利用者 意図 評価	利用者さんが納得するような説明がなかったことと
根拠		利用者 身体 推測	創部があることで、身体的苦痛があったり、生活に制限があることで、かなりストレスを感じているのではと考えた。	利用者 身体 推測 (他)	様々なストレスがあることから発言したと思われる。
利用者 意図 発言 評価	利用者さんは「説明はなかった」と言っていて、納得していない様子だった。インフォームドコンセントに反する。			利用者 意図 評価 (自)	インフォームドコンセントに反しているため、利用者さんに納得してもらわなくてはいけない。

▼実習生		▼職員		▼創造した思考スキーム	
分類	記述	分類	記述	分類	記述
利用者 職員 身体 事実	気管支に穴が開いた経緯について利用者さんが職員さんに言っていた。「穴をあけられた」	利用者 身体	利用者は膿胸で手術を行ったことに対して、	利用者 身体 (他)	利用者さんは膿胸で手術を行ったことに対して
		利用者 発言	「手術で気管支を切られたのは病院のせい」と発言した。	利用者 発言 (他)	「手術で気管支を切られたのは病院のせい」と発言した。
利用者 発言 関与 連携	話を聞いて必要があれば、医師に確認して説明する。			利用者 意図 評価 (自)	利用者さんが納得するような説明がなかったことと
根拠		利用者 身体 推測	創部があることで、身体的苦痛があったり、生活に制限があることで、かなりストレスを感じているのではと考えた。	利用者 身体 推測 (他)	様々なストレスがあることから発言したと思われる。
利用者 意図 発言 評価	利用者さんは「説明はなかった」と言っていて、納得していない様子だった。インフォームドコンセントに反する。			利用者 意図 評価 (自)	インフォームドコンセントに反しているため、利用者さんに納得してもらわなくてはいけない。

図 11　分節化の手順

各アクター(実習生・職員)ごとに
記述の内容を分類する

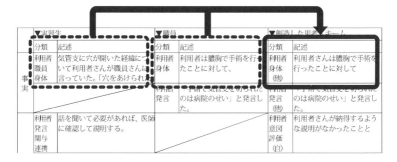

各アクター(実習生・職員)の思考スキーム単位ごとに
あるべき思考スキーム単位を構築(創造)する

各アクターの思考スキームから、
どのような構築スタイルで「創造した思考スキーム」単位が
成り立っているかを分類する

図 12　分類付与の手順

３．４．分析の結果

　　試行的実習によって得られた思考スキームを対象に、以下に分析した。

３．４．１．利用者に自分でズボンを上げるよう促す場面の
##　　　　　思考スキーム構築

　　思考スキーム組 201607231015/H

▼実習生の思考スキーム		
事実	根拠	行動
「あたまで支えれば、両手あいて（ズボンを）上げられるでしょ。やってみて」と看護師がおっしゃっていた。	ご本人と同じ動作をしたからと言って、ご本人を理解するということはむずかしいが、同じ目線で考えることが大切だと考えたため。	実際に壁に頭をつけて体を支え、ご本人と同じ動作をした。

▼職員の思考スキーム		
事実	根拠	行動
行動範囲の拡大と安全確保、排泄行為を一人できる方法をご自身で考えた。	福祉用具の活用ができるかどうか介護者の有無、ご自身のADL評価、転倒リスクの回避、ご本人の意向。	安全な方法を考え、行ってもらう。多職種連携を図り、情報共有を行う。連絡ノート活用。

▼異なる点	▼構築した思考スキーム		
	事実	根拠	行動
職員は、安全な方法を考えていく上で、多職種との連携を積極的に行う。		本人の意向。動作の評価に精通している職種からの情報提供、本人の日常の様子を知っている職種からの情報	PT 等と情報を共有し、本人と一緒に一人で安全に排泄できる方法を考えていく。

41

実習生の思考スキームは、看護師と利用者のやり取りの様子を観察したもので、事実は看護師の発言で、行動は看護師の行動の様子だった。この根拠は実習生の推測で、実習生はこの場面における他者思考を推測するものだった。

　一方、職員は事実を「行動範囲の拡大と安全確保、排泄行為を一人できる方法をご自身で考えた。」と記述しており、職員の事実認識から推測するところ、利用者が意図を持ち、一人で排泄ができる方法を考えていたという状況がある。これに対して、職員は「利用者に安全な方法をしてもらい」、それをケア側で情報共有していくことを行動として思考している。その根拠は、福祉器具の活用、介護者の有無、ADL 評価、転倒リスク、本人の意向というものを挙げている。

　実習生は、実習現場において、他者思考を推測し、一旦推測した複数の他者思考を仮説として保持しながら、ケア提供の流れの中で現実や利用者をはじめとした周囲とのコミュニケーションの中で整合性を判断し、取捨選択することになる。その意味で、実習生の思考スキームはケア提供場面における看護師の思考を推測している。そして、ケア提供後のリフレクションにおいて、職員の思考スキームとの比較を行い、その違いを「安全な方法」を考える上で「多職種との連携」を図るという行動を導出する思考スキームがなかったことを認識している。これを踏まえ、自職種として構築した思考スキームを、次のように結論づけている。根拠として「本人の意向」のみならず、「動作の評価に精通している職種からの情報提供」等、他の職種の専門性を集約して根拠とすることを挙げた。さらに、行動としては、他の職種、特にここでは「PT」（理学療法士）を挙げて情報共有の方向性を把握しているようだ。

　実習生は他者思考の思考スキームを、職員は自己思考の思考スキームを記述した。そこからの差異点を実習生は主として「行動」にあると考えた。構築した思考スキームは差異点で指摘した行動を取り入れる形で構築している。

構築過程の分析

	▼実習生		▼職員		▼構築した思考スキーム	
	分類	記述	分類	記述	分類	記述
事実	職員発言	「あたまで支えれば、両手あいて（ズボンを）上げられるでしょ。やってみて」と看護師がおっしゃっていた。	利用者意図	行動範囲の拡大と安全確保、排泄行為を一人できる方法をご自身で考えた。		
根拠	職員意図	ご本人と同じ動作をしたからと言って、ご本人を理解するということはむずかしいが、同じ目線で考えることが大切だと考えたため。	利用者意図	ご本人の意向。	利用者意図	本人の意向。
根拠			評価身体リスク	福祉用具の活用ができるかどうか介護者の有無、ご自身のADL評価、転倒リスクの回避	連携観察（他）	動作の評価に精通している職種からの情報提供、本人の日常の様子を知っている職種からの情報。
行動	職員利用者関与	実際に壁に頭をつけて体を支え、ご本人と同じ動作をした。	利用者リスク関与	安全な方法を考え、行ってもらう。	利用者意図関与（自）	本人と一緒に一人で安全に排泄できる方法を考えていく。
行動			連携	多職種連携を図り、情報共有を行う。連絡ノート活用。	連携（他）	PT等と情報を共有

43

構築思考スキーム単位（1）

　一つ目の思考スキーム単位は、実習生と職員の思考スキームは本質的に同じことを指摘していると考えられる。実習生は「（ご本人と）同じ目線で考えることが大切と考えたため」と記述している。これはご本人の考えを理解することを大切だと指摘しているわけで、職員が「ご本人の意向」という指摘と同等の意味であると解釈した。ただ、表現として実習生が長く記述されている一方、職員は一語で記述した。結局、構築した思考スキームを「本人の意向」と職員の表現を継承した。よって、表現上の他生的構築過程が解釈できる。

構築思考スキーム単位（2）

　二つ目の思考スキーム単位は、実習生の該当記述はなかったものである。職員は各種の評価を指摘しており、その点を継承したものと思われる。しかし、記述そのままを継承したわけではなく、実習生なりに選択的、もしくは自職の視点から構築したと解釈できる。実習生は「動作の評価に精通している職種からの情報提供、本人の日常の様子を知っている職種からの情報。」と表現しており、評価情報の具体的な項目を指摘せず、「動作の評価に精通している職種」「本人の日常の様子を知っている職種」等の情報提供を受けるべき他職を列挙している。

構築思考スキーム単位（3）

　三つ目の思考スキーム単位は、実習生が「実際に壁に頭をつけて体を支え、ご本人と同じ動作をした。」という具体的な職員の利用者への関与の様態を記述した。一方、職員は「安全な方法を考え、行ってもらう。」というシンプルな記述であった。実習生は利用者視点へ立つことを重視しているが、職員は「安全」を重視した記述であることがうかがわれる。これを受けて、構築思考スキーム単位では、職員の記述を継承し、「一

人で安全に排泄できる方法を考えていく。」と記述し、そこに実習生の重視している「本人と一緒に」という記述を加えた他生的な部分と自生的な部分が両方取り込まれた構築過程となっていると解釈できる。

構築思考スキーム単位（4）

　四つ目の思考スキーム単位は、実習生の記述はなかった。職員が「多職種連携を図り、情報共有を行う。連絡ノート活用。」を指摘し、構築思考スキーム単位には「PT等と情報を共有」として取り込まれた。職員は「多職種連携」という語で一括してあるが、実習生は「PT」を特に指摘し、情報共有する旨が記載された。また「連絡ノート活用。」という点は取り込まなかった。他生的な構築過程で、具象化を行ったものと解釈できる。

自生数	1
他生数	3
共創数	0

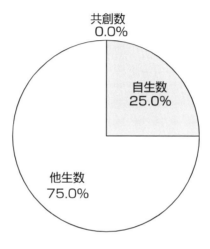

図 13　思考スキーム組（1）の自生率・他生率・共創率

3．4．2．血圧が普段より高い利用者と昨日の飲食について会話をする場面の思考スキーム構築

思考スキーム組 201607231105/H

▼実習生

事実	根拠	行動
普段より高めである様子だった「昨日そば屋で飲んできた」とおっしゃっていた。	高血圧が続くと、それに伴う合併症（脳梗塞など）を引き起こす可能性があるため。その反面、ご本人の好きな時間を大切にしたい。	「控えた方がよいのではないですか」と言う。（自分だったら）

▼職員

事実	根拠	行動
血圧 160 台、ふだんより高値。「昨日そば屋で飲んできた」と。	二日酔い？傷の痛みでないなら安心。飲酒するといつも高いな・・。本人は理由もわかっており、毎日飲み会でないなら生活の潤いかな。	「飲んでも飲まれないでください」とやんわり注意するが、現状を支持した。

▼異なる点	▼構築した思考スキーム		
	事実	根拠	行動
職員は血圧が高いからと言って、すぐに飲酒を控えるようには伝えていない。飲酒するといつも高くなることを知っている。		本人の好きな時間を大切にする。本人の体の安全を確認。	本人の体調を考慮し、看護師と情報共有しながら現状を支持する。

実習生は、利用者の発言を事実として認識し、根拠として医学的な根拠を挙げて、利用者に飲酒を控えるようにと言うと思考スキームを記述した。一方、職員は事実として実習生と同じように利用者の発言を事実としているが、血圧の数値も併せて記述した。これはより多くの情報を職員は持っているための違いかもしれない。根拠は二日酔いもしくはキズによる痛みなどがあることを挙げている。同時に飲酒を生活の潤いとも記述している。その結果、行動は「やんわりとした注意」にとどめたとしている。

　この思考スキーム組では、実習生も職員も自己思考を行っている。比較対照した結果、実習生は「血圧が高いことを理由に飲酒を控えることを伝えていない」点を差異点として挙げた。

　それを踏まえたあるべき自職種の思考スキームとして、根拠を「本人の好きな時間」「本人のからだの安全」を確認し、行動として、体調を考慮して看護師と情報共有し、現状を支持する（認める）としている。根拠における医学的な要素が若干弱まり、その部分を看護師と情報共有することで自職として簡略化する方向性を示した。このような思考スキームを構築することで、根拠でも挙げている「本人の好きな時間」や「本人のからだの安全」をどのように判断し、情報収集していくかが問題となるだろう。

構築過程の分析

	▼実習生		▼職員		▼構築した思考スキーム	
	分類	記述	分類	記述	分類	記述
事実			評価身体	血圧160台、		
	評価身体	血圧が普段より高めである様子だった。	評価身体	ふだんより高値。		
	利用者発言	「昨日そば屋で飲んできた」とおっしゃっていた。	利用者発言	「昨日そば屋で飲んできた」と。		
根拠			利用者評価身体	二日酔い？		
	利用者身体	高血圧が続くと、それに伴う合併症（脳梗塞など）を引き起こす可能性があるため。	利用者身体評価	傷の痛みでないなら安心。	利用者身体観察（自）	本人の体の安全を確認。
			利用者	飲酒するといつも高いな・・。		
	利用者意図	その反面、ご本人の好きな時間を大切にしたい。	利用者意図	本人は理由もわかっており、毎日飲み会でないなら生活の潤いかな。	利用者意図（自）	本人の好きな時間を大切にする。
行動	利用者関与	「控えた方がよいのではないですか」と言う。（自分だったら）	利用者関与	「飲んでも飲まれないでください」とやんわり注意するが、		
					利用者身体連携観察（共）	本人の体調を考慮し、看護師と情報共有しながら
			利用者意図	現状を支持した。	利用者意図（他）	現状を支持する。

構築思考スキーム単位（1）

実習生は「高血圧が続くと、それに伴う合併症（脳梗塞など）を引き起こす可能性があるため。」と具体的な、リスク要素を記述した。職員は「傷の痛みでないなら安心。」という評価を記述している。構築思考スキーム単位には「本人の体の安全を確認。」という記述にしており、実習生の記述よりも短くなっている。当初の実習生はリスクの指摘を具体的にしているが、職員は「傷の痛み」に言及していることから、リスクが高血圧や脳梗塞ばかりでないことが認識できたため、「本人の体の安全」と抽象的な表現に統合したと解釈できる。内容としては自生的な構築であると解釈できる。

構築思考スキーム単位（2）

実習生は「ご本人の好きな時間を大切にしたい。」と記述し、職員は「本人は理由もわかっており、毎日飲み会でないなら生活の潤いかな。」と本質的に同じ意味の記述となっている。これを踏まえ、「本人の好きな時間を大切にする。」という構築に至っており、職員の記述を踏まえても、実習生が当初記述した表現を多く継承したものになっている。

構築思考スキーム単位（3）

この思考スキーム単位は共創的で、実習生、職員のどちらの思考スキームにも記載がないものだった。思考スキーム全体の流れを見る限り、看護師である職員が多くの情報を持っているため、それを踏まえた情報共有を念頭に置いた記述であると思われる。そのため、リフレクションを通じた共創的な構築過程だと解釈した。

構築思考スキーム単位（4）

　実習生は記述していない思考スキーム単位で、職員の記述をそのまま継承した他生的な記述と解釈した。

自生数	2
他生数	1
共創数	1

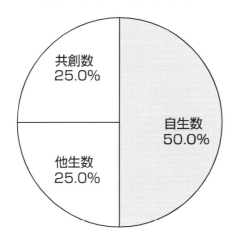

図 14　思考スキーム組（2）の自生率・他生率・共創率

3．4．3．帰り際にエアコンの設定等を利用者に指示する場面の思考スキーム構築

思考スキーム組 201607231720/H

▼実習生

事実	根拠	行動
帰る直前に利用者の方がエアコンの設定や冷蔵庫の設定などを細かに指示してくださった。	翌日の９時まで誰も来ないため、特にエアコンの設定といった体に直接かかわるものには注意した。	設定があっているか、「○○にしました」とご本人に確認し、注意していった。

▼職員

事実	根拠	行動
帰る直前にエアコン設定等を細かく指示。（独居、自力体交できない）	次の訪問者（ヘルパー）が翌朝のため、適切な環境を整え、快適に過ごしてほしい。	確認しながら行動。

▼共通点	▼構築した思考スキーム		
	事実	根拠	行動
本人自身で部屋の環境を調節することができないため、温度設定等の確認に注意した。		本人は自分で体を動かすことはできないが、意思を伝えることはできる。次のヘルパーが来るまで、快適に過ごしてもらう。	本人に確認しながら行動する。

　実習生は自己思考で思考スキームを記述している。事実として、利用者からエアコンなどの設定を指示されたことを挙げている。根拠として、翌朝まで来訪者がないことからからだに影響がある温度設定に注意が必要ということを挙げた。行動として、ご本人に確認してもらったことが記述されている。

　ここでは実習生は共通点を挙げている。共通点には「本人自身で部屋の環境を調節することができないため、温度設定等の確認に注意した」というものを挙げた。「自身で部屋の環境を調整できない」ということについては実習生の思考スキームには記述されていないが、実習生の認識には前提として位置づけられているようである。

　構築した思考スキームとしては、根拠に「本人は自分でからだを動かすことはできない」ことを含め、次の訪問者が来るまで快適に過ごしてもらうことを位置づけた。行動は、それに伴い、「本人に確認しながら行動する」ことを挙げた。実習生の振り返りとしては、自己思考の思考スキームを展開させた形で構築した思考スキームを考えたようだ。

構築過程の分析

		▼実習生			▼職員			▼構築した思考スキーム
		分類	記述	分類	記述	分類	記述
事実		利用者 発言 環境	帰る直前に利用者の方がエアコンの設定や冷蔵庫の設定などを細かに指示してくださった。	利用者 発言 環境	帰る直前にエアコン設定等を細かく指示。		
				利用者 評価 身体 環境	（独居、自力体交できない）		
根拠		利用者 連携 環境	翌日の9時まで誰も来ないため、特にエアコンの設定といった体に直接かかわるものには注意した。	利用者 連携 環境	次の訪問者（ヘルパー）が翌朝のため、適切な環境を整え、快適に過ごしてほしい。	利用者 連携 （自）	次のヘルパーが来るまで、快適に過ごしてもらう。
						利用者 観察 （共）	本人は自分で体を動かすことはできないが、意思を伝えることはできる。
行動		利用者 関与	設定があっているか、「○○にしました」とご本人に確認し、注意していった。	利用者 観察 関与	確認しながら行動。	利用者 観察 関与 （自）	本人に確認しながら行動する。

構築思考スキーム（1）

　実習生の記述は「翌日の9時まで誰も来ないため、」「特にエアコンの設定といった体に直接かかわるものには注意した。」など、詳細な記述が多い一方、職員は「次の訪問者（ヘルパー）が翌朝のため、」「適切な環境を整え、快適に過ごしてほしい。」という同じような内容であるにかかわらず、時間やエアコンなどの具体的な記述はない。構築した思考スキーム単位では、「次のヘルパーが来るまで、快適に過ごしてもらう。」という短縮化した記述になり、具体的な記述は削除された。「次のヘルパーが来るまで、」という限定を加えた、「快適に過ごしてもらう。」というもので、職員の記述のニュアンスを取り込みながら、さらに短縮化を図っている。また、「体に直接かかわるものには注意した」という記述からは、ネガティブなものだったが、「快適に過ごしてもらう。」というポジティブな記述になっており、この意味においては職員の思考スキームの要素が強く取り込まれているといえよう。強く他生的な側面が出ているが、基本的な構成としては自生的なものとして考えた。

構築思考スキーム（2）

　実習生、職員が記述しなかった思考スキーム単位をリフレクションから構築したと解釈できる共創的な思考スキーム単位である。ただ、構成する要素は、職員の事実にも、実習生の事実にも記述されており、それを根拠にまとめたものと解釈できよう。

構築思考スキーム（3）

　実習生は「設定があっているか、「○○にしました」とご本人に確認し、注意していった。」と、確認内容をも記述した。職員は「確認しながら行動。」と短く記述している。内容的には「確認」「行動」という要素が含まれる同じような記述である。構築としては「本人に確認しな

がら行動する。」となった。職員の記述を基に考えれば「本人に」とい
う表現が追加された。実習生の記述を基に考えれば、記述の具体的なも
のを削除し、短縮化した自生的構築であると解釈される。

自生数	2
他生数	0
共創数	1

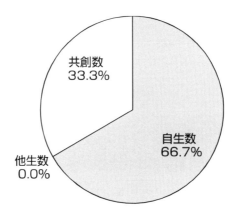

図 15　思考スキーム組（3）の自生率・他生率・共創率

3.4.4. たんが絡んでいる利用者と接する場面での思考
スキーム構築

思考スキーム組 201608141030/H

▼実習生

事実	根拠	行動
（利用者の）のどのところで痰がゴロゴロといっていた。	話すことが辛いのではないかと考えたため。（話すことで痰が上に上がるとのことで話すことも大切だとわかった。）	話すことをためらってしまった。

▼職員

事実	根拠	行動
自己喀たんできず、たんが絡んでいる。病室はリビングと離れており、家族と話す機会が少ない。	会話をすることで呼吸を促すので、たんが動き喀出しやすくなる。	会話する効果を説明。同行した学生へ会話を勧める。

▼異なる点	▼構築した思考スキーム		
	事実	根拠	行動
「会話することで呼吸を促すので、たんが動き、喀出しやすくなる」という知識があるかどうか。		会話をすることで呼吸を促すので、たんが動き、喀出しやすくなる。	本人の様子を観察し、負担にならない範囲で会話をする。

実習生は、事実として利用者の身体的状況を挙げている。根拠として、利用者の身体的状況から導き出される心情的な状況を推測し、根拠とした。その結果、行動として利用者との話をしないものとした。この思考スキームでは実習生は自己思考を行った。一方、職員は自己思考で思考スキームを記述した。そして、自己喀たんできない状態と利用者の住環境について事実として記述した。根拠を喀出しやすくするための方策として会話が有効であることを挙げた。行動として、実習生に対して利用者と話をすることを促した。

　リフレクションで実習生は職員と自己の思考の違いに着目し、根拠として喀出しやすくするための方策として会話が有効であるということを知っているかどうかを指摘している。この場合、明確に自分が知識として保有していない部分を認識し、それを構築した思考スキームの中に取り入れている。

　構築した思考スキームとしては、喀出しやすくするために会話が有効であるから（根拠）、本人の様子を踏まえて、負担にならない程度の会話を行動として構築した。思考スキームの比較対照から得られた差異点（ここでは知識の欠如）を補完するために自職の構築した思考スキームに取り入れることができた。実践の中で自職の知識の体系化を行うという意味で、モデル的な展開であるといえよう。

構築過程の分析

	▼実習生		▼職員		▼構築した思考スキーム	
	分類	記述	分類	記述	分類	記述
事実	利用者身体評価	（利用者の）のどのところで痰がゴロゴロといっていた。	利用者身体評価	自己喀たんできず、たんが絡んでいる。		
			利用者環境家族	病室はリビングと離れており、家族と話す機会が少ない。		
根拠	利用者推測	話すことが辛いのではないかと考えたため。				
	指導	（話すことで痰が上に上がるとのことで話すことも大切だとわかった。）	利用者身体	会話をすることで呼吸を促すので、たんが動き喀出しやすくなる。	利用者身体（他）	会話をすることで呼吸を促すので、たんが動き、喀出しやすくなる。
行動	利用者関与	話すことをためらってしまった。				
					利用者観察（共）	本人の様子を観察し、負担にならない範囲で
			指導	会話する効果を説明。	利用者関与（他）	会話をする。
			指導	同行した学生へ会話を勧める。		

59

構築思考スキーム単位（1）

　実習生の記述は指導上の記述（注：リフレクション後の記述と思われる）で特に当初の思考スキーム単位ではない。職員は会話が咯出に役立つことを記述した。構築思考スキーム単位は職員の記述をそのまま継承している。

構築思考スキーム単位（2）

　共創的な構築で、「本人の様子を観察し、負担にならない範囲で」という意味で、職員は記述していないものである。この記述は、実習生が根拠として挙げた「話すことが辛いのではないかと考えたため。」という「辛い」という側面を継承したものと考えられる。

構築思考スキーム単位（3）

　実習生は知らなかったが、職員は会話が咯出に効果があることを説明したということを指導上の行動として記述した。これを受け、構築思考スキーム単位に「会話をする。」という記述で取り込まれたと解釈した。

自生数	0
他生数	2
共創数	1

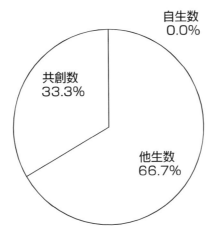

図 16　思考スキーム組（4）の自生率・他生率・共創率

3．4．5．訴えが多く腰痛もある利用者にマッサージを行う場面の思考スキーム構築

思考スキーム組 201608151000/A

▼実習生

事実	根拠	行動
腰痛改善のマッサージを職員さんが行う。	脊柱管狭窄症による下肢の痛みや筋力低下により歩行が困難になることや家にこもりがちになるリスクを防止する。	利用者さんの顔色の変化や呼吸音に注意しながら観察を行う。

▼職員

事実	根拠	行動
訴えが多く、腰痛もあるので、訪問してほしいとケアマネジャから依頼があり、訪問。	腰痛改善のため、体操、マッサージを行い、その中で関係性をつくり、相談にものっていきたい。	訪問時間（1時間）の中で運動とマッサージを施行。

▼異なる点	▼構築した思考スキーム		
	事実	根拠	行動
腰痛による相談から体操、マッサージを通して、関係性を作っていくことを視野に入れて行う。	腰痛によりケアマネジャに相談。そこから依頼があり訪問。	腰痛の改善という視野からのケアではなく、今後の相談事なども踏まえた体操、マッサージの実施に努める。	訪問時間のマッサージ及び体操の実施。

　実習生は、他者思考の思考スキームを記述している。事実として、職員のマッサージを指摘している。根拠として、医学的根拠を挙げ、行動として、利用者の身体的状況を観察しながら実施することを記述した。一方、職員は自己思考の思考スキームを記述した。事実として、「訴えが多い」「腰痛」という要素を指摘し、「ケアマネジャからの依頼」という経緯も記述している。根拠としては、腰痛改善のための体操やマッサージを実施するとともに、それを通じて利用者との関係性を構築し、相談をしやすい状況を作り出すことを指摘した。行動としては、1時間の訪問時間内でできる体操とマッサージを実施したことを挙げている。

　実習生は差異点（事実と根拠）として、腰痛という依頼の際の問題事象のみに注力するのではなく、体操やマッサージというケアを通じて関係性を作ることを挙げている。

　あるべき自職の思考スキームとしても、この視点を取り入れている。介護職としての法的な制限の中でも実施可能な行動を認識するとともに、それを論理的に位置づけられる根拠の展開として、依頼内容に限定されない周辺の統合的視点を得られたといえよう。

構築過程の分析

		▼実習生		▼職員		▼構築した思考スキーム
		分類	記述	分類	記述	分類	記述
事実		利用者職員関与	腰痛改善のマッサージを職員さんが行う。				
事実				利用者連携	訴えが多く、腰痛もあるので、訪問してほしいとケアマネジャから依頼があり、訪問。	利用者連携（他）	腰痛によりケアマネジャに相談。そこから依頼があり訪問。
根拠		身体リスク	脊柱管狭窄症による下肢の痛みや筋力低下により歩行が困難になることや家にこもりがちになるリスクを防止する。				
根拠				利用者身体関与	腰痛改善のため、体操、マッサージを行い、	利用者身体関与（他）	腰痛の改善という視野からのケアではなく、体操、マッサージの実施に努める。
根拠				利用者関与	その中で関係性をつくり、相談にものっていきたい。	利用者意図（他）	今後の相談事なども踏まえた
行動		利用者身体観察	利用者さんの顔色の変化や呼吸音に注意しながら観察を行う。	利用者関与	訪問時間（1時間）の中で運動とマッサージを施行。	利用者関与（他）	訪問時間のマッサージ及び体操の実施。

構築思考スキーム単位（1）

　実習生は記述しておらず、職員は「訴えが多く、腰痛もあるので、訪問してほしいとケアマネジャから依頼があり、訪問。」と記述されている。内容は同じであるが、若干表現上の変更を行っている。よって、表現の変更を行った他生的構築と解釈した。

　構築思考スキーム単位（2）

　実習生は記述しておらず、他生的な構築である。職員が「腰痛改善のため、体操、マッサージを行い、」と記述し、それを受け、構築思考スキーム単位で「腰痛の改善という視野からのケアではなく、・・体操、マッサージの実施に努める。」という記述になっている。（「・・」の部分は「今後の相談事なども踏まえた」という記述で、次の単位（3）で検討する。）腰痛改善（および相談事）のための体操、マッサージという意味で、職員の記述をそのまま受けた記述であると解釈できる。

　構築思考スキーム単位（3）

　上の（2）で検討した記述の分節を思考スキーム単位として分析した。実習生の記述はないが、職員は「その中で関係性をつくり、相談にものっていきたい。」と記述した。構築思考スキームにも取り込まれ、「関係性をつくり」という部分は除外して記述された。よって、短縮化した他生的な構築であると解釈できる。

　構築思考スキーム単位（4）

　実習生は「利用者さんの顔色の変化や呼吸音に注意しながら観察を行う。」という詳細な記述をした。ただ、主旨は「観察を行う」というである。一方、職員は「訪問時間（1時間）の中で運動とマッサージを施行。」で、主旨は「運動とマッサージの施行」であった。内容的には「観

察」と「運動・マッサージ」で異なる。構築思考スキームは「訪問時間のマッサージ及び体操の実施。」で、職員の思考スキーム単位を継承している。他生的なそのまま継承した構築であると解釈した。

自生数	0
他生数	3
共創数	1

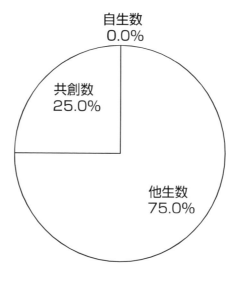

図 17　思考スキーム組（5）の自生率・他生率・共創率

3．4．6．筋力低下のある利用者と体操を行う場面の思考スキーム構築

思考スキーム組 201608150945/A

▼実習生

事実	根拠	行動
利用者さんの足のむくみ改善、筋力低下防止のため体操が必要。	脊柱管狭窄症により筋肉低下が起こることによる歩行困難や寝たきりのリスクを防止する。	職員さんの指導の下、利用者さんの体調を観察しながら一緒に行う。

▼職員

事実	根拠	行動
高齢による筋力低下、浮腫がある。	訪問時に体操を実施し、筋力維持につなげたい。	下肢の運動の実施。

▼異なる点	▼構築した思考スキーム		
	事実	根拠	行動
現在の筋肉低下を防ぎ、それ以上落ちないよう筋力の維持を目標とした下肢運動を実施している点が大きい。	夕方の買い物時に1日1回外に出て、歩いて動く。	現在の生活を継続していくための筋力向上を図る。	下肢筋維持、むくみ改善のための下肢トレーニングを行っていただく。

実習生は、自己思考で思考スキームを記述した。事実は、「むくみ」改善や筋力低下防止のための体操が必要だと指摘しているので、実習生が観察した事実というよりは、職員とのコミュニケーション上行動が必要とされている状況が推測される。また、職員は浮腫と記述しているが実習生はむくみと記述しており、語彙的な差異もある。一方、職員は自己思考で思考スキームを記述しており、事実は高齢による筋力低下と浮腫を指摘している。根拠は筋力維持のための体操実施を指摘し、結果として行動には下肢運動を挙げた。

　差異点を「筋力維持を目標とした下肢運動」（根拠）であると指摘している。

　構築した思考スキームとしては、事実として「夕方の買い物時に1日1回外に出て、歩いて動く」と指摘している。これは利用者の生活パターンを知り、それを思考スキームに取り入れたものかは不明だが、この事実を利用者の生活パターンと仮定すると、それを踏まえ、現在の生活を継続する（1日1回の買い物）を維持するために筋力向上を図るため、下肢トレーニングをするというものになった。差異点でも指摘されているように、下肢運動を取り入れるかどうかが介護職と看護師の違いであるとしている。

構築過程の分析

	▼実習生		▼職員		▼構築した思考スキーム	
	分類	記述	分類	記述	分類	記述
事実	利用者身体関与	利用者さんの足のむくみ改善、筋力低下防止のため体操が必要。	利用者身体	高齢による		
			利用者身体	筋力低下、浮腫がある。		
					利用者（共）	夕方の買い物時に1日1回外に出て、歩いて動く。
根拠	利用者身体	脊柱管狭窄症により				
			利用者関与	訪問時に体操を実施し、		
	利用者リスク身体	筋肉低下が起こることによる歩行困難や寝たきりのリスクを防止する。	利用者身体	筋力維持につなげたい。	利用者身体（自）	現在の生活を継続していくための筋力向上を図る。
行動	職員指導利用者関与観察	職員さんの指導の下、利用者さんの体調を観察しながら一緒に行う。	利用者関与	下肢の運動の実施。	利用者関与（他）	下肢筋維持、むくみ改善のための下肢トレーニングを行っていただく。

構築思考スキーム（1）

　実習生も職員も指摘していない思考スキーム単位が共創的に構築されたものと解釈できる。「夕方の買い物時に1日1回外に出て、歩いて動く。」に継承されるような記述はこの思考スキーム組にはなかった。まったく新しく記述された単位であり、共創的な構築である。

構築思考スキーム（2）

　実習生は「筋肉低下が起こることによる歩行困難や寝たきりのリスクを防止する。」と記述し、主旨は「リスクを防止する」こと、一方、職員は「筋力維持につなげたい。」ということで、双方ともに「筋力」の維持・向上にフォーカスしている。実習生はリスク内容について詳細記述して、これらのリスクを防止するというネガティブなニュアンスである。職員は「筋力の維持」ということを短く指摘した。構築としては、「筋力向上」が主旨で、「現在の生活を継続していくための」という限定を加えた。自生的で、視点転換の構築であると解釈した。

構築思考スキーム（3）

　実習生は「職員さんの指導の下、利用者さんの体調を観察しながら一緒に行う。」と記述し、指導上の単位であると推測されるが、実施の内容は記述されていない。職員は「下肢の運動の実施。」と記述した。構築は「下肢筋維持、むくみ改善のための下肢トレーニングを行っていただく。」で、主旨は「下肢トレーニング」である。内容的に職員の単位を継承している。よって、職員の記述に目的「下肢筋維持、むくみ改善のための」といった記述を追加し、具体化の他生的構築と解釈した。

自生数	1
他生数	1
共創数	1

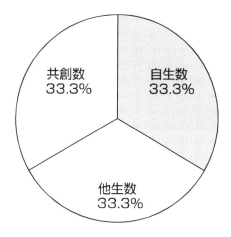

図 18　思考スキーム組（6）の自生率・他生率・共創率

3．4．7．肺がん手術後の利用者の創部を見る場面の思考
スキーム構築

思考スキーム組 201606191130/A

▼実習生

事実	根拠	行動
看護師に言われて見せてもらった。	利用者さんにとってはあまりいい気分ではないかなと思った。	利用者さんの傷口を見せてもらう。

▼職員

事実	根拠	行動
肺がんのため、肺実質の除去、空洞化されている患者の創処置に同行。	創部を実際に見ることで感染のリスクについて実感し、ケア時の対応に生かしてほしい。	学生に創部を見せ説明した。

▼異なる点	▼構築した思考スキーム		
	事実	根拠	行動
創部からの感染によるリスクを理解し、対応することがケアの際に考えられていることである。	利用者さんの傷を見た。	あれだけの傷だと感染した時に命の危険にあたるとわかった。	次に来たときにはそういうことを頭に入れておこうと思った。

　実習生は自己思考で思考スキームを記述した。事実は看護師の発言としている。根拠は利用者の心理を挙げているが、行動は傷口を見せてもらうという結果になっており、根拠が行動を導出したわけではないことがわかる。一方、職員は自己思考を思考スキームにしている。事実は、利用者（患者）の状況を記述し、創処置に同行したことを指摘した。根拠は創部の感染リスクをよく理解してもらいたいという教育的な要素を挙げている。行動は実習生への説明を記述している。

　実習生は、差異点（根拠）として、創部からの感染リスクを理解して対応することが重要であることを指摘している。

　構築した思考スキームとして、事実を「利用者さんの傷を見た。」とし、根拠を感染リスク、行動としてはこれらのリスクを頭に入れておくことを指摘している。この構築した思考スキームは普遍性をめざした思考スキームではないようだが、根拠に傷口の様態によっては感染リスクが致命的なものであるというものを取り入れている。その意味では、自職の思考スキームの根拠部の選択肢を豊富化させたといえよう。

構築過程の分析

	分類	記述	分類	記述	分類	記述
	▼実習生		▼職員		▼構築した思考スキーム	
事実			利用者身体	肺がんのため、肺実質の除去、空洞化されている患者の		
事実			関与指導	創処置に同行。		
事実	職員指導	看護師に言われて見せてもらった。			職員利用者（自）	利用者さんの傷を見た。
根拠	利用者推測身体	利用者さんにとってはあまりいい気分ではないかなと思った。				
根拠			指導リスク	創部を実際に見ることで感染のリスクについて実感し、ケア時の対応に生かしてほしい。	利用者リスク身体（他）	あれだけの傷だと感染した時に命の危険にあたるとわかった。
行動	利用者指導	利用者さんの傷口を見せてもらう。	指導	学生に創部を見せ説明した。	指導（共）	次に来たときにはそういうことを頭に入れておこうと思った。

構築思考スキーム（1）

　職員の記述はないため、実習生の記述をそのまま受けて構築した。当初の思考スキーム単位の内容は指導上のものだったが、構築も指導上のものと解釈できる。「傷」を追加して、主旨が明瞭になるように構築が進んでいる。

構築思考スキーム（2）

　実習生は記述していない。職員は「創部を実際に見ることで感染のリスクについて実感し、ケア時の対応に生かしてほしい。」と記述し、指導上の実習生への配慮を記述したものだった。構築は、「あれだけの傷だと感染した時に命の危険にあたるとわかった。」というもので、これ

も指導上の単位で、実習生の感想的な位置づけのものだった。よって、他生的な視点転換の構築と解釈した。

構築思考スキーム（3）
　実習生は「利用者さんの傷口を見せてもらう。」という指導上の単位を指摘した。職員は「学生に創部を見せ説明した。」を指導上の単位として指摘した。構築は「次に来たときにはそういうことを頭に入れておこうと思った。」で、構築は今後への自戒で、構築自体も指導上の文脈を出なかった。ただ、内容的には共創的で、視点の転換（指導文脈から、ケア提供文脈への転換）にはなっていると解釈した。

自生数	1
他生数	1
共創数	1

図 19　思考スキーム組（7）の自生率・他生率・共創率

3．4．8．ALS の利用者に飲水介助する場面の思考スキーム構築

思考スキーム組 201606191400/A

▼実習生		
事実	根拠	行動
利用者さんに看護師に言われたので飲み物をあげた。	筋萎縮性側索硬化症のため、せきをする力がないことがわかったため、誤嚥で肺炎を発症する恐れがある。	すいのみで少しずつ飲んでもらい、誤嚥を防ぐために飲み込みの確認を行った。

▼職員		
事実	根拠	行動
飲水場面。	ALS 臥床中、誤嚥の恐れがある。	嚥下力を見ながら、むせ込みなく、飲んでいるか観察した。

▼共通点	▼構築した思考スキーム		
	事実	根拠	行動
ALS による誤嚥防止のため、嚥下の確認が顔色を観察しながら行う。	利用者さんの水分摂取を行った。	利用者さんは筋委縮性側索硬化症のため、手を使って飲むことができない。	スポイトにエネーボやカルピスを入れて、利用者さんの口にスポイトを持っていき、飲んでもらった。

　実習生は、自己思考として思考スキームを記述した。事実として、看護師（職員）の指示で飲み物をあげたとしている。根拠として、筋委縮性側索硬化症という医学的要素から誤嚥の危険性を指摘している。行動として、すいのみで飲んでもらう際に、誤嚥防止のための確認を行ったことを指摘した。一方、職員は自己思考の思考スキームとして記述した。事実は飲水場面、根拠を ALS で臥床中のため、誤嚥があることを挙げ、

行動として、むせ込みなく飲んでいるかを観察することを指摘した。

　実習生は共通点（根拠）として、ALS による誤嚥防止を行うための顔色を見る観察であると指摘した。

　構築した思考スキームとして、水分摂取を事実として挙げ、根拠として筋委縮性側索硬化症を、行動として、スポイトで飲んでもらうことを指摘した。

構築思考スキーム（1）
　実習生は「利用者さんに看護師に言われたので飲み物をあげた。」と、主旨としては「飲み物をあげた」というものである。職員は「飲水場面。」と短く記述した。構築は「利用者さんの水分摂取を行った。」で、主旨は「水分摂取」である。実習生は「飲み物をあげる」、看護師（職員）は「飲水」で、構築は「水分摂取」だった。内容的には同じ内容だったが、表現上の（語彙上）の変遷が見られる。自生的な表現転換の構築であると解釈した。

構築思考スキーム（2）
　実習生は「筋萎縮性側索硬化症のため、せきをする力がないことがわかったため、」と具体的な疾患名を挙げ、「せきをする力がないことがわかった」と記述した。職員は「ALS 臥床中」という利用者の状態を短く記述した。構築は、「利用者さんは筋委縮性側索硬化症のため、手を使って飲むことができない。」として、実習生が記述した、疾患名や手を使えないことが含まれ、「飲むことができない」としている。「飲めない」という項目は職員が根拠の思考スキーム単位で記述した「誤嚥」などが継承された可能性があるが、「手を使えない」という記述は初め

77

ての記述だった。よって、他生的な要素があるものの、他の単位からの引用がある自生的構築だと解釈した。

　構築思考スキーム（3）

　実習生は「すいのみで少しずつ飲んでもらい、」と記述し、職員は記述していない。よって、自生的な構築となっている。ただし、「スポイトにエネーボやカルピスを入れて、利用者さんの口にスポイトを持っていき、飲んでもらった。」として、飲んでもらう様態を「スポイトにエネーボやカルピスを入れて、利用者さんの口にスポイトを持っていき、」と詳細に記述している。よって、作業の具体化を伴う自生的な構築と解釈した。

構築過程の分析

	▼実習生		▼職員		▼構築した思考スキーム	
	分類	記述	分類	記述	分類	記述
事実	利用者職員関与	利用者さんに看護師に言われたので飲み物をあげた。	利用者関与	飲水場面。	利用者関与（自）	利用者さんの水分摂取を行った。
根拠	利用者身体	筋萎縮性側索硬化症のため、せきをする力がないことがわかったため、	利用者身体	ALS 臥床中、	利用者身体評価（自）	利用者さんは筋委縮性側索硬化症のため、手を使って飲むことができない。
	利用者リスク	誤嚥で肺炎を発症する恐れがある。	利用者リスク	誤嚥の恐れがある。		
行動	利用者関与	すいのみで少しずつ飲んでもらい、			利用者関与（自）	スポイトにエネーボやカルピスを入れて、利用者さんの口にスポイトを持っていき、飲んでもらった。
	利用者リスク観察	誤嚥を防ぐために飲み込みの確認を行った。	利用者観察	嚥下力を見ながら、むせ込みなく、飲んでいるか観察した。		

自生数	3
他生数	0
共創数	0

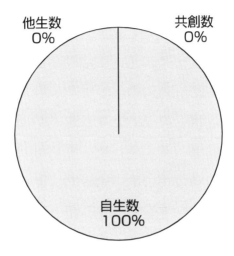

図 20　思考スキーム組（8）の自生率・他生率・共創率

3. 4. 9. 足浴の際に、利用者と会話する場面の思考スキーム構築

思考スキーム組 201607031130/A

▼実習生

事実	根拠	行動
利用者さんの足浴を行っていた。利用者さんは「お風呂に入りたい」といっていた。	利用者さんの気管支に穴が開いており、湯船につかることが困難である。	利用者さんがお風呂に入れるように、医師、看護師、入浴サービス（デイ）などに相談を行う。

▼職員

事実	根拠	行動
学生が本人へ「何かしてほしいことはありますか」と尋ねると、「お風呂に入りたい」と。	創があるため、半年入浴できずにいる。今まで遠慮があり、「まだいいよ」と口にしていたが、切に願っていることがわかった。パウチ用のシートを利用し、デイで入浴可能な状態。	本人の希望を叶えるため、ケアマネへ相談してデイを手配してもらう。

▼異なる点・共通点	▼構築した思考スキーム		
	事実	根拠	行動
異なる点：本人のニーズに対し、まず相談するべき人や機関につなげることが重要である。 共通点：「お風呂に入りたい」という利用者のニーズ			

　実習生は自己思考の思考スキームを指摘した。事実として、足浴の際の利用者とのコミュニケーションを挙げ、根拠として、気管支に穴があるために入浴が困難であることを挙げた。結果として行動は入浴できるように取り計らうことを選択した。そのためにデイ等の関係機関への相談を行う。一方、職員は自己思考の思考スキームであるが、学生の行動を事実として指摘した。根拠として、シートの用意などを通じて入浴可能な状態であるとした。行動もそれを実現するための手配となっている。

　差異点について実習生は、異なる点と共通点を両方記述している。異なる点は、利用者のニーズに対して、相談すべき人、気管につなげることが重要であることを挙げている。共通点としては、利用者のニーズとしているが、これはニーズを実現に近づけたいという行動や事実認識について同じであると指摘しているものと思われる。

　構築した思考スキームについては指摘していない。

構築過程の分析

	分類	▼実習生 記述	分類	▼職員 記述	分類	▼構築した思考スキーム 記述
事実	利用者関与	利用者さんの足浴を行っていた。				
	利用者発言	利用者さんは「お風呂に入りたい」といっていた。	利用者関与発言	学生が本人へ「何かしてほしいことはありますか」と尋ねると、「お風呂に入りたい」と。		
根拠	利用者身体	利用者さんの気管支に穴が開いており、湯船につかることが困難である。	利用者身体	創があるため、半年入浴できずにいる。		
			利用者意図評価	今まで遠慮があり、「まだいいよ」と口にしていたが、切に願っていることがわかった。		
			利用者身体評価	パウチ用のシートを利用し、デイで入浴可能な状態。		
行動	利用者連携	利用者さんがお風呂に入れるように、医師、看護師、入浴サービス（デイ）などに相談を行う。	利用者意図連携	本人の希望を叶えるため、ケアマネへ相談してデイを手配してもらう。		

自生数	0
他生数	0
共創数	0

3. 4. 10. ALS の利用者に入浴前の飲水介助をする場面の 思考スキーム構築

思考スキーム組 201606191415/A

▼実習生

事実	根拠	行動
利用者さんがALSのため、飲水や入浴介助が必要である。	入浴介助前の水分補給をしてもらいたい。	その日に入浴介助があるかどうか確認し、飲水介助で入浴前の水分補給を十分に行う。

▼職員

事実	根拠	行動
ALSのため、飲水介助が必要。	量やスピードを調整してむせないようにしたい。入浴前に水分補給してほしい。直前では腹部不快感が出る。	入浴一時間前にむせ込まないように気を付けて介助する。

▼異なる点	▼構築した思考スキーム		
	事実	根拠	行動
介助を行うことで生じるリスクとはどのようなものがあるかなどを判断し、それに注意しながら必要なことを行っている。	飲水介助。吸い飲みでラコール、カルピス。	利用者さんはALSのため、飲み込みが上手くいかなかった時にむせ込み、誤嚥の危険があるため、入浴一時間前飲水。	誤嚥の危険性があるので、声かけをしながら、一口ずつ確かめてから飲水介助を行う。

実習生は、自己思考の思考スキームを記述した。事実は、ALS の利用者が飲水、入浴介助が必要なことを指摘した。根拠は入浴前に水分補給が必要ということである。行動として、入浴介助の有無の確認と、ある場合の飲水介助を指摘した。一方、職員も自己思考の思考スキームを記述し、事実として ALS のための飲水介助を、根拠として、むせ込みをしないようにすること、入浴前に水分補給が必要ということを指摘し、結果、行動として 1 時間ほど前に水分補給をすることを指摘した。

　実習生は異なる点（根拠）として、介助に伴うリスクの判断、それに則った実施を挙げている。

　構築した思考スキームでは、異なる点で挙げたように、根拠に入浴 1 時間前の飲水や誤嚥の危険について指摘している。根拠の豊富化につながった。

構築思考スキーム（1）
　実習生は「飲水や入浴介助が必要である。」と記述して、「飲水」「入浴」の介助が必要であると記述した。職員は飲水介助が必要と記述した。構築では「飲水介助。吸い飲みでラコール、カルピス。」となっており、実習生が「入浴」と記述した点は除外されている。一方、ラコール、カルピスといった詳細記述が追加されている。よって、作業の詳細化を伴う自生的な構築であると解釈できる。

構築思考スキーム（2）
　実習生は記述がない。そのため、他生的な構築である。職員は「量やスピードを調整してむせないようにしたい。」という記述をしており、主旨は「むせないようにしたい」ということだった。構築は「利用者さ

んは ALS のため、飲み込みが上手くいかなかった時にむせ込み、誤嚥の危険があるため、」としており、リスクを詳細化・具体化して記述した。よって、具体化を伴う他生的構築だと解釈した。

構築過程の分析

	▼実習生 分類	記述	▼職員 分類	記述	▼構築した思考スキーム 分類	記述
事実	利用者身体	利用者さんが ALS のため、	利用者身体	ALS のため、		
	利用者評価	飲水や入浴介助が必要である。	利用者評価	飲水介助が必要。	利用者関与（自）	飲水介助。吸い飲みでラコール、カルピス。
根拠			利用者身体リスク	量やスピードを調整してむせないようにしたい。	利用者身体リスク（他）	利用者さんは ALS のため、飲み込みが上手くいかなかった時にむせ込み、誤嚥の危険があるため、
	利用者身体評価	入浴介助前の水分補給をしてもらいたい。	利用者身体評価	入浴前に水分補給してほしい。	利用者関与（自）	入浴一時間前飲水。
			利用者身体	直前では腹部不快感が出る。		
			利用者関与	入浴一時間前に		
行動	利用者確認	その日に入浴介助があるかどうか確認し、				
	利用者関与	飲水介助で入浴前の水分補給を十分に行う。	利用者関与	むせ込まないように気を付けて介助する。	利用者確認関与（他）	誤嚥の危険性があるので、声かけをしながら、一口ずつ確かめてから飲水介助を行う。

構築思考スキーム（3）

実習生は「入浴介助前の水分補給をしてもらいたい。」として、主旨は「水分補給」で、「入浴介助前」という限定をしている。職員は「入浴前に水分補給してほしい。」と記述して、実習生とほぼ同じものだった。構築では「入浴一時間前飲水。」となっており、入浴前の飲水は実習生、職員ともに指摘しているものであるが、なかでも、「一時間前」という限定が追加されていて、これは職員の行動に記述されたものから継承されたものであると推測される。この一時間前という要素は重要なものである。よって、他の思考スキーム単位からの継承を伴う自生的な構築であると解釈した。

構築思考スキーム（4）

実習生は「飲水介助で入浴前の水分補給を十分に行う。」と記述し、主旨は「水分補給を十分に行う」ということだった。職員は「むせ込まないように気を付けて介助する。」と記述し、「むせ込まないように」という限定から「介助」は飲水介助であることがうかがわれる。構築は「誤嚥の危険性があるので、声かけをしながら、一口ずつ確かめてから飲水介助を行う。」で、「飲水介助」をするという意味で、実習生と職員で基本的には同じことを記述しているといえる。ただ、構築では「誤嚥の危険性があるので、声かけをしながら、一口ずつ確かめてから」という限定が入っているため、職員の限定を継承していることがうかがえる。よって、全体としては、他生的構築で、詳細な記述が追加されたものであると解釈した。

自生数	2
他生数	2
共創数	0

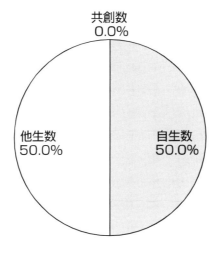

図 21 思考スキーム組（10）の自生率・他生率・共創率

3．4．11．過去に受けた手術への不信感を訴える利用者に対応する場面の思考スキーム構築

思考スキーム組 201607231010/SK

▼実習生		
事実	根拠	行動
気管支に穴が開いた経緯について利用者さんが職員さんに言っていた。「穴をあけられた」	話を聞いて必要があれば、医師に確認して説明する。利用者さんは「説明はなかった」と言っていて、納得していない様子だった。インフォームドコンセントに反する。	納得してもらえなければ不信感につながってしまうので、利用者さんに説明をする。その場は傾聴する。

▼職員		
事実	根拠	行動
利用者は膿胸で手術を行ったことに対して、「手術で気管支を切られたのは病院のせい」と発言した。	創部があることで、身体的苦痛があったり、生活に制限があることで、かなりストレスを感じているのではと考えた。病院に対する不信感がさらにつのるような発言は控えなければならないと考えた。	そう思う理由や医師からどのような説明を受けたのかなどを聞いた。

▼共通点	▼構築した思考スキーム		
	事実	根拠	行動
創部があることで、身体的苦痛や生活に制限があり、それによってストレスを感じていると職員さんは考えていた。	利用者さんは膿胸で手術を行ったことに対して「手術で気管支を切られたのは病院のせい」と発言した。	利用者さんが納得するような説明がなかったことと様々なストレスがあることから発言したと思われる。インフォームドコンセントに反しているため、利用者さんに納得してもらわなくてはいけない。	その場では利用者さんにどのような説明を受けたのかなどだけを聞き、利用者さんの思いを傾聴する。必要があれば、医師に確認して利用者さんに再度説明してもらう。

　実習生は、他者思考の思考スキームを記述した可能性がある。それは事実において看護師と利用者のやり取りを記述しているためである。ただ、これのみをもって定義できないと思われる。事実は利用者の発言を挙げた。根拠として、インフォームドコンセントを挙げ、行動は、その場での傾聴を挙げ、最終的には納得してもらうことを記述している。一方、職員は自己思考の思考スキームを記述している。事実は膿胸で手術したこと、利用者の発言を指摘した。根拠は創部があることでストレスを感じていること、不信感が増すような発言を控えるべきことを挙げた。行動は、利用者からの発言を聞いたことを挙げている。

　差異点（根拠）について、実習生は身体的な苦痛、生活制限などからのストレスという根拠を挙げている。

　構築した思考スキームとしては、事実は基本的に変わらないが、病名が追加されている。根拠に差異点で指摘したストレスの部分が豊富化されている。行動は、その場での傾聴、必要があれば医師からの説明を挙げた。根拠の豊富化につながった。

構築過程の分析

	▼実習生		▼職員		▼構築した思考スキーム	
	分類	記述	分類	記述	分類	記述
事実	利用者 職員 身体	気管支に穴が開いた経緯について利用者さんが職員さんに言っていた。「穴をあけられた」	利用者 身体	利用者は膿胸で手術を行ったことに対して、	利用者 身体（他）	利用者さんは膿胸で手術を行ったことに対して
			利用者 発言	「手術で気管支を切られたのは病院のせい」と発言した。	利用者 発言（他）	「手術で気管支を切られたのは病院のせい」と発言した。
根拠	利用者 発言 関与 連携	話を聞いて必要があれば、医師に確認して説明する。			利用者 意図 評価（自）	利用者さんが納得するような説明がなかったことと
			利用者 身体 推測	創部があることで、身体的苦痛があったり、生活に制限があることで、かなりストレスを感じているのではと考えた。	利用者 身体 推測（他）	様々なストレスがあることから発言したと思われる。
	利用者 意図 発言 評価	利用者さんは「説明はなかった」と言っていて、納得していない様子だった。インフォームドコンセントに反する。			利用者 意図 評価（自）	インフォームドコンセントに反しているため、利用者さんに納得してもらわなくてはいけない。
			連携 関与 評価	病院に対する不信感がさらにつのるような発言は控えなければならないと考えた。		
行動	利用者 関与	納得してもらえなければ不信感につながってしまうので、利用者さんに説明をする。			利用者 連携 関与（自）	必要があれば、医師に確認して利用者さんに再度説明してもらう。
	利用者 関与	その場は傾聴する。	利用者 関与	そう思う理由や医師からどのような説明を受けたのかなどを聞いた。	利用者 関与（共）	その場では利用者さんにどのような説明を受けたのかなどだけを聞き、利用者さんの思いを傾聴する。

構築思考スキーム（1）

実習生は「気管支に穴が開いた経緯について利用者さんが職員さんに言っていた。「穴をあけられた」」と記述し、職員は「利用者は膿胸で手術を行ったことに対して、」と節で記述している。疾患名を膿胸と記述している。構築は、職員の記述をそのまま受けているため、他生的構築と解釈した。

構築思考スキーム（2）

実習生は記述していないが、職員は「『手術で気管支を切られたのは病院のせい』と発言した。」と記述している。よって、他生的構築であるといえる。構築は「『手術で気管支を切られたのは病院のせい』と発言した。」となっており、職員の記述をそのまま継承している他生的構築であると解釈した。

構築思考スキーム（3）

実習生は「話を聞いて必要があれば、医師に確認して説明する。」と記述し、主旨は「医師に確認して説明する。」である。職員は記述がないため、自生的構築であるといえる。構築は「利用者さんが納得するような説明がなかったことと」で、利用者に対する説明が不十分であると評価した。実習生の当初の思考スキームでは主語が自分であることが推定されるが、構築では利用者で、視点の転換が見られる自生的構築と解釈した。

構築思考スキーム（4）

実習生は記述していない。職員は「創部があることで、身体的苦痛があったり、生活に制限があることで、かなりストレスを感じているのではと考えた。」と記述し、主旨は「かなりストレスを感じているのでは

と考えた。」である。構築は「様々なストレスがあることから発言したと思われる。」と記述され、職員の主旨部分を強く継承している。職員はストレス状態の前提を詳細に記述しているが、短縮化を伴う他生的構築と解釈できる。

　構築思考スキーム（5）
　実習生は「利用者さんは「説明はなかった」と言っていて、納得していない様子だった。インフォームドコンセントに反する。」と記述し、主旨は「インフォームドコンセントに反する。」となる。職員の記述はなく、よって、自生的構築である。構築は「インフォームドコンセントに反しているため、利用者さんに納得してもらわなくてはいけない。」となっており、「利用者さんに納得してもらわなくてはいけない」という主旨である。内容的には当初の記述と大きく変化はない。唯一利用者の発言を除外しているだけで、短縮化の自生的構築だと解釈できる。

　構築思考スキーム（6）
　実習生は「納得してもらえなければ不信感につながってしまうので、利用者さんに説明をする。」と記述し、主旨は「利用者さんに説明をする。」である。職員は記述しておらず、よって、自生的な構築となった。構築は「必要があれば、医師に確認して利用者さんに再度説明してもらう。」で、「説明する」の主語は実習生の当初の思考スキームでは「自分」であろうと思われるが、構築では「説明してもらう」ということから、「自分以外」の誰か、医師が記述されていることから、医師を想定しているようである。このことから、視点の転換が伴う自生的構築であると解釈した。

構築思考スキーム（7）

　実習生は、「その場は傾聴する」と記述した。職員は「そう思う理由や医師からどのような説明を受けたのかなどを聞いた。」と記述し、主旨は「聞いた」であり、「そう思う理由や医師からどのような説明を受けたのかなどを」という限定がされている。構築は「その場では利用者さんにどのような説明を受けたのかなどだけを聞き、利用者さんの思いを傾聴する。」で、主旨は「利用者さんの思いを傾聴する」だった。実習生の当初の記述は短かったが、職員の記述などを取り込み、構築では詳細化が進んでいる。よって、作業の詳細化を伴う共創的な構築であると解釈できる。

自生数	3
他生数	3
共創数	1

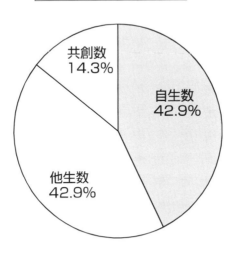

図 22　思考スキーム組（11）の自生率・他生率・共創率

3.4.12. 自宅療養中にも関わらず飲酒と喫煙を続ける利用者と会話をする場面の思考スキーム構築

思考スキーム組 201608131120/SK

▼実習生

事実	根拠	行動
職員さんが利用者さんに飲酒量を聞くと「昨日は3人で4合、たばこは4本」と言われていた。	飲酒やたばこなど体に影響が出るものはどれくらい摂取しているのか把握しなくてはいけない。	お酒はずっと飲んできているものであり、たばこは肺に入れていないといっている。本人の楽しみでもあるため、量に気を付けて体調を見ながら続けてもらう。

▼職員

事実	根拠	行動
利用者は肺がん術後で自宅療養中にもかかわらず、飲酒や喫煙をしており、「どうせ死ぬなら、自分の好きなことをしたい」と話している。	飲酒や喫煙は身体的なリスクとなってはいるが、利用者にとっては楽しみの一つであり、それを止めさせることはかえって大きなストレスとなる可能性がある。	飲酒や喫煙をどの程度行っているか、量は増えているか、身体的な症状は悪化していないか等、今後も情報収集していく。

▼異なる点	▼構築した思考スキーム		
	事実	根拠	行動
肺がん術後であること「どうせ死ぬなら、自分の好きなことをしたい」と話している。	利用者さんは肺がん術後で自宅療養中であるにも関わらず、飲酒や喫煙をしており、「どうせ死ぬなら、自分の好きなことをしたい」と話している。		

　実習生は、自己思考で思考スキームを記述している。事実は、利用者の発言を挙げている。根拠は飲酒や喫煙の量を把握することを挙げ、結果として行動は飲酒喫煙については体調に気をつけて続けてもらうと記述した。一方、職員は自己思考の思考スキームを記述しており、事実は利用者の発言を指摘した。根拠は飲酒・喫煙を止めることはストレスにつながることを指摘し、結果として行動は身体的な症状の変化など情報収集をすることを挙げた。

　差異点（事実）としては、肺が術後であること、利用者が好きなようにしたいという発言を挙げている。

　構築した思考スキームについても差異点での指摘にあるように、事実に差異点を追加している。

構築過程の分析

	▼実習生		▼職員		▼構築した思考スキーム	
	分類	記述	分類	記述	分類	記述
事実			利用者身体	利用者は肺がん術後で自宅療養中にもかかわらず、	利用者身体（他）	利用者さんは肺がん術後で自宅療養中であるにも関わらず、
事実	利用者職員関与発言	職員さんが利用者さんに飲酒量を聞くと「昨日は3人で4合、たばこは4本」と言われていた。	利用者発言	飲酒や喫煙をしており、「どうせ死ぬなら、自分の好きなことをしたい」と話している。	利用者発言（他）	飲酒や喫煙をしており、「どうせ死ぬなら、自分の好きなことをしたい」と話している。
根拠	利用者身体観察	飲酒やたばこなど体に影響が出るものはどれくらい摂取しているのか把握しなくてはいけない。	利用者身体リスク	飲酒や喫煙は身体的なリスクとなってはいるが、		
根拠			利用者意図	利用者にとっては楽しみの一つであり、それを止めさせることはかえって大きなストレスとなる可能性がある。		
行動	利用者発言身体	お酒はずっと飲んできているものであり、たばこは肺に入れていないといっている。				
行動	利用者意図	本人の楽しみでもあるため、量に気を付けて体調を見ながら続けてもらう。	利用者観察関与	飲酒や喫煙をどの程度行っているか、量は増えているか、身体的な症状は悪化していないか等、今後も情報収集していく。		

構築思考スキーム（1）

　実習生は記述しておらず、職員が「利用者は肺がん術後で自宅療養中にもかかわらず、」と記述した。構築でも同じ文章を継承しているので、そのまま継承した他生的な構築であると解釈した。

96

構築思考スキーム（2）

　実習生は「職員さんが利用者さんに飲酒量を聞くと「昨日は3人で4合、たばこは4本」と言われていた。」と記述し、（職員の質問による）利用者の発言を挙げている。職員の記述も利用者の回答を踏まえ「飲酒や喫煙をしており、「どうせ死ぬなら、自分の好きなことをしたい」と話している。」と記述した。結果として、職員の記述をそのまま継承した他生的構築と解釈した。

自生数	0
他生数	2
共創数	0

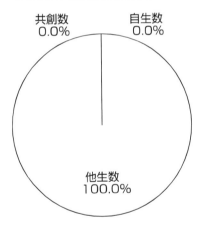

図 23　思考スキーム組（12）の自生率・他生率・共創率

3. 4. 13. 点滴の交換を次回からは自分でするという利用者に返答する場面の思考スキーム構築

思考スキーム組 201606141000/SW

▼実習生

事実	根拠	行動
「(看護師が点滴の交換をするところを) 何度も見ていたから分かるよ。覚えている」と伝えられていた。	自ら行う意欲の尊重と他の事柄に生かせないかなどを考えていく。保有能力を活用できるか生活場面に注目する。	医師や看護師に相談することを伝える。なぜ、自分で行おうと考えたのかにも注目し、意思を尊重していく。

▼職員

事実	根拠	行動
在宅では初めて側管から点滴を投与する場面。今後週2で投与する。次回も看護師が投与すると言ったら、「病院で何度も見ているからできる」と。(3割負担の利用者)	実際に本人が投与する場面も見ていない。医師の指示で投与行為。もし失敗すると看護師への信用も落ちる。経済的なことを気にしているため、ごり押しできない。	手順を書き、後日確認のため無償で訪問を約束。

▼異なる点	▼構築した思考スキーム		
	事実	根拠	行動
※イレギュラー記述	「(看護師が点滴の交換をするところを)何度も見ていたから分かるよ。覚えている」と伝えられていた。	自ら○○するという意思の尊重。保有能力の一つであると考えられる。なぜ、ご自分でしようと思われたのか、その背景を考える。	医師、看護師に伝える。療養者(クライエント)の思いを考える。

　実習生は自己思考で思考スキームを記述した。事実は利用者が点滴交換を自ら行いたいとの発言したことを挙げている。根拠は意思の尊重、さらにはその意思を他の生活場面に活用できないかということを挙げている。行動としては、医師、看護師への伝達、利用者の発言の背景に注目しながら利用者の意思を尊重するとしている。一方、職員は「側管からの点滴」や「週2の投与」「3割負担の利用者」などという具体的な事実を挙げ、利用者の発言を記述した。根拠は利用者の投与能力について不確定な点、利用者の主張の背景に経済的な問題があること、投与が失敗した場合の自職への信用低下を恐れることを挙げている。行動は、手順（書）を渡し、後日に投与が正しく行われているかを確認するために無償の訪問を約束した。この行動は、事実に記述されている「3割負担」の利用者であることから経済的な問題からの意思であるということを踏まえた「無償訪問」で投与の正確さを確保しようとしたものであろう。

　差異点については、職種間思考共有シートの記述がイレギュラーに行われているため、この思考スキーム組についての差異点がどのようなものであるかは明瞭にできなかった。該当すると思われるイレギュラー記述を以下に参考として記載する。

イレギュラー記述内容
　・「○○する。したい」という言葉からは意欲・意思があると感じられ、また、点滴の交換をするということから保有能力の活用に注目した。看護師は、できなかった時のリスクマネジメントが重視されていた。」

　構築した思考スキームとしては、事実を利用者の発言を挙げ、根拠を利用者の意思の尊重を挙げているが、新たに「なぜ、ご自分でしようと

思われたのか、その（意思の）背景を考える」という点を追加した。自己思考の思考スキームでは、意欲の能力を他の生活場面に活用することを考えていたが、その記述はなくなっている。行動としては「療養者（クライエント）」という語が加わったが、基本的に医師、看護師への伝達という点は変化していない。また、自己思考の思考スキームでは利用者の意思の背景について注目するという点を行動で記述していたが、構築した思考スキームでは根拠に記述されている。しかし、構築した思考スキームでも「療養者の思いを考える」という点で、利用者の意思の背景を考慮することに言及している。

構築過程の分析

	▼実習生		▼職員		▼構築した思考スキーム	
	分類	記述	分類	記述	分類	記述
事実			利用者身体関与	在宅では初めて側管から点滴を投与する場面。今後週2で投与する。		
	利用者発言	「（看護師が点滴の交換をするところを）何度も見ていたから分かるよ。覚えている」と伝えられていた。	利用者発言	次回は看護師が投与すると言ったら、「病院で何度も見ているからできる」と。	利用者発言（自）	「（看護師が点滴の交換をするところを）何度も見ていたから分かるよ。覚えている」と伝えられていた。
			利用者環境	（3割負担の利用者）		
根拠			連携リスク	実際に本人が投与する場面も見ていない。医師の指示で投与行為。		
	利用者意図観察	自ら行う意欲の尊重と他の事柄に生かせないかなどを考えていく。			利用者意図（自）	自ら○○するという意思の尊重。
	利用者推測	保有能力を活用できるか生活場面に注目する。			利用者推測（自）	保有能力の一つであると考えられる。
			リスク	もし失敗すると看護師への信用も落ちる。		
			利用者環境関与	経済的なことを気にしているため、ごり押しできない。	利用者環境推測（他）	なぜ、ご自分でしようと思われたのか、その背景を考える。
行動	利用者連携	医師や看護師に相談することを伝える。			連携（自）	医師、看護師に伝える。
	利用者観察	なぜ、自分で行おうと考えたのかにも注目し、意思を尊重していく。			利用者観察（自）	療養者（クライエント）の思いを考える。
			利用者関与	手順を書き、後日確認のため無償で訪問を約束。		

構築思考スキーム（1）

　実習生は「『（看護師が点滴の交換をするところを）何度も見ていたから分かるよ。覚えている』と伝えられていた。」と記述し、利用者の発言を記述した。職員も「次回も看護師が投与すると言ったら、『病院で何度も見ているからできる』と。」という利用者とのやり取りを記述した。内容はほぼ同じである。構築では「次回も看護師が投与すると言ったら、『病院で何度も見ているからできる』と。」という記述になっており、実習生の当初の記述をそのまま継承している。よって、そのまま継承した自生的構築と解釈できる。

構築思考スキーム（2）

　実習生は、「自ら行う意欲の尊重と他の事柄に生かせないかなどを考えていく。」と記述し、職員は記述していない。よって、自生的構築である。構築では「自ら○○するという意思の尊重。」となっており、当初の記述の「自ら行う意欲の尊重」をそのまま継承し、それ以外の記述を除外した、短縮化による自生的構築と解釈した。

構築思考スキーム（3）

　実習生は「保有能力を活用できるか生活場面に注目する。」と記述し、職員は記述していない。よって自生的構築である。構築では「保有能力の一つであると考えられる。」として、当初の記述の「保有能力」にフォーカスした記述である。当初は、保有能力を応用することに方向性があり、構築では、保有能力の一つとして考えられるという抑制的な表現になっている。よって、抽象化を伴う自生的構築と解釈した。

構築思考スキーム（4）

実習生は記述しておらず、職員は「経済的なことを気にしているため、ごり押しできない。」と記述している。構築は「なぜ、ご自分でしようと思われたのか、その背景を考える。」となっており、職員が「経済的なことを」と記述しているが、構築では「その背景を」と抽象化してある。職員は「ごり押しできない」という抑制的な記述だが、構築では「背景を考える」という抽象的な、または前向きな結論に至っている。よって、利用者意図の抽象化を伴う他生的構築と解釈した。

構築思考スキーム（5）

職員の記述はなく、実習生の「医師や看護師に相談することを伝える。」が記述となっており、自生的構築といえる。構築では「医師、看護師に伝える」となっており、当初の記述では「医師や看護師に相談することを（利用者に）伝える」となっており、伝える相手が「利用者」から「医師、看護師」へと変化している。よって、視点転換を伴う自生的構築と解釈した。

構築思考スキーム（6）

実習生は「なぜ、自分で行おうと考えたのかにも注目し、意思を尊重していく。」と記述し、職員は記述していない。よって自生的構築である。構築では「療養者（クライエント）の思いを考える。」となっており、当初の記述と基本的に同じ意味であり、表現上の変更があったとみることができる。よって、表現上の変更を伴う自生的構築と解釈した。

自生数	5
他生数	1
共創数	0

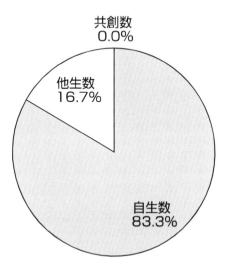

図 24　思考スキーム組（13）の自生率・他生率・共創率

104

3. 4. 14. 利用者やその家族と雑談する場面の思考スキーム構築

思考スキーム組 201606281200/SW

▼実習生

事実	根拠	行動
療養者から話しかけてきてくださったにもかかわらず、たわいない会話を楽しく行えなかった。	緊張していた。何を話そうかとばかり考えてしまった。自宅というプライベートな場で、何をどこまで、どのように関わっていったらよいのか考えていなかった。	療養者や家族が自宅でどのような思いで生活されているのか、たわいない会話からの気づきが大切だと考えた。

▼職員

事実	根拠	行動
利用者やご家族とお話しするよう勧めたが、何も言えずにいた。	学生と話すことを楽しんでいる利用者であった。会話の中で必要な情報を引き出す能力を学んでほしかった。	実習の中で会話を引き出すことが大切であることを話し、会話を促したが、自らすすんで話せなかった。

▼異なる点	▼構築した思考スキーム		
	事実	根拠	行動
※イレギュラー記述	療養者から話しかけてきてくださったにもかかわらず、たわいない会話を楽しく行えなかった。	学生を受け入れ、関わろうとしてくださっているのは感じており、嬉しかった。しかし、自分からどのように関わって話をしていったら良いか分からなくなってしまった。	利用者の理解、信頼関係の構築のために、たわいない話もしていく。

　実習生は自己思考として思考スキームを記述した。事実は利用者（療養者）からの話しかけに対応できなかったことを挙げている。根拠として、緊張していた上、利用者のプライベートな環境で何を話してよいか

わからなかったということを指摘している。行動としては、たわいない会話の重要性を考えたことを指摘した。思考スキームとしては自らの行動についての思考スキームではなく、反省の思考スキームになっている。一方、職員は自己思考の思考スキームを記述した。事実として、学生（実習生）へ利用者と会話するように促したこと、それが上手くできていなかったことを指摘している。根拠として、利用者が学生（実習生）と話すことを楽しみにしているため、その機会を通じて情報を引き出す能力を学ぶ機会と考えたことを挙げた。行動としては会話を引き出すことが大切であると説明したとしている。

　差異点については、職種間思考共有シートの記述がイレギュラーに行われているため、この思考スキーム組についての差異点がどのようなものであるかは明瞭にできなかった。該当すると思われるイレギュラー記述を以下に参考として記載する。

　イレギュラー記述内容
　・「コミュニケーションから信頼関係が築かれていくことは、全職種共通である。会話の中から、心身面の変化を探っていくこともできるという視点は新たな気づきであった。」
　・「看護師から指導を受けたり、勉強会に参加したりし、学びも深めていく。」

　構築した思考スキームとしては、事実は自己思考の思考スキームと同じで、利用者との会話が上手くできなかったことを記述した。根拠は、基本的に自己思考の思考スキームと同じであるが、若干心情面の記述が多い。行動は反省を踏まえた上で「信頼関係構築のために、たわいない会話もする」ということを記述している。

　この思考スキーム組は、実習指導上の実習生と指導者の教育意図の理解に役立つものだと考えられる。純粋な意味での、自職種の構築した思考スキームが記述できているわけではないが、自分ができなかった点について検討することができたと思われる。

構築思考スキーム（1）

　実習生は「療養者から話しかけてきてくださったにもかかわらず、」と記述し、職員は「利用者やご家族とお話しするよう勧めたが、」と記述した。職員は指導上の記述であるが、実習生は利用者からの働きかけについて記述している。双方視点が異なるが、構築では実習生の視点からの記述をそのまま継承している。よって、そのまま継承した自生的構築と解釈する。

構築思考スキーム（2）

　実習生は「たわいない会話を楽しく行えなかった」とし、職員は「（実習生は）何も言えずにいた」と記述している。構築は「たわいない会話を楽しく行えなかった。」との記述になっているため、当初の記述をそのまま継承した自生的構築と解釈した。

構築思考スキーム（3）

　実習生は記述しておらず、職員が「学生と話すことを楽しんでいる利用者であった。」と記述した。構築では「学生を受け入れ、関わろうとしてくださっているのは感じており、嬉しかった。」として、主語は実習生として、利用者の対応を嬉しく感じた旨の記述となっている。内容的には職員の記述を取り入れたものである。よって、視点の転換を伴う他生的構築と解釈した。

構築過程の分析

	▼実習生		▼職員		▼構築した思考スキーム	
	分類	記述	分類	記述	分類	記述
事実	利用者関与	療養者から話しかけてきてくださったにもかかわらず、	利用者家族関与指導	利用者やご家族とお話しするよう勧めたが、	利用者意図関与（他）	療養者から話しかけてきてくださったにもかかわらず、
	関与	たわいない会話を楽しく行えなかった。	利用者家族関与	何も言えずにいた。	利用者関与（自）	たわいない会話を楽しく行えなかった。
根拠			利用者意図	学生と話すことを楽しんでいる利用者であった。	利用者意図関与（他）	学生を受け入れ、関わろうとしてくださっているのは感じており、嬉しかった。
	指導	緊張していた。				
	指導	何を話そうかとばかり考えてしまった。自宅というプライベートな場で、何をどこまで、どのように関わっていったらよいのか考えていなかった。			指導（自）	しかし、自分からどのように関わって話をしていったら良いか分からなくなってしまった。
			指導	会話の中で必要な情報を引き出す能力を学んでほしかった。		
行動	利用者家族関与	療養者や家族が自宅でどのような思いで生活されているのか、たわいない会話からの気づきが大切だと考えた。	指導	実習の中で会話を引き出すことが大切であることを話し、会話を促したが、自らすすんで話せなかった。	利用者関与（他）	利用者の理解、信頼関係の構築のために、たわいない話もしていく。

108

構築思考スキーム（4）

　実習生は「何を話そうかとばかり考えてしまった。自宅というプライベートな場で、何をどこまで、どのように関わっていったらよいのか考えていなかった。」と記述したが、職員は記述しなかった。よって自生的構築である。構築は「しかし、自分からどのように関わって話をしていったら良いか分からなくなってしまった。」となっており、同じ内容を若干の言いかえで記述した。よって、短縮化を伴う自生的構築と解釈した。

構築思考スキーム（5）

　実習生は「療養者や家族が自宅でどのような思いで生活されているのか、たわいない会話からの気づきが大切だと考えた。」と記述し、職員は指導上の文脈で「実習の中で会話を引き出すことが大切であることを話し、会話を促したが、自らすすんで話せなかった。」と記述した。構築では、「利用者の理解、信頼関係の構築のために、たわいない話もしていく。」という内容的には当初の実習生の記述を継承しながら、職員の「会話を引き出す」といったニュアンスも取り入れているため、「信頼関係」「利用者の理解」という表現を新たに取り入れている。よって、他の思考スキーム単位からの継承を含む他生的構築と解釈した。

自生数	2
他生数	3
共創数	0

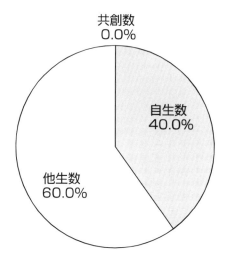

図 25　思考スキーム組（14）の自生率・他生率・共創率

3.4.15. 機能訓練中の利用者に働きかける場面の思考スキーム構築

思考スキーム組 201607020930/K

▼実習生

事実	根拠	行動
機能訓練時、顔が下を向いてきてしまう。	機能訓練をしていても姿勢が良くない。楽をしていては症状が進んでしまうため。	顔を上げてほしいところの位置に本人が見て嬉しくなる、楽しくなるような何かを貼る。（これは元々貼っていましたが、ご本人の励みなっています。）

▼職員

事実	根拠	行動
座位でもも上げ、バーにつかまり足踏み訓練中、顔が下を向いてしまう。	実際に歩行するときに顔が下がっていると前傾姿勢になり、かつ前が見えず、転倒しやすい。	顔を上げて、足踏みするよう伝える。

▼異なる点	▼構築した思考スキーム		
	事実	根拠	行動
前傾姿勢になることで、今後予測されることが異なった。周囲の安全や本人の安全を考えた上で、行う必要がある。	もも上げの機能訓練中、顔が下を向いてしまう。	顔が下を向いていると前傾姿勢になり、転倒しやすい。顔が下を向いていると、ももが上がりきらない。	顔を上げて、もも上げを行うよう伝える。顔の位置にこの方が見ていて嬉しくなるものを貼り、しっかり見てもらう。

111

実習生は自己思考の思考スキームを記述した。事実は機能訓練時の利用者の顔の位置について挙げた。根拠として、姿勢が良くないこと、さらには、「楽をすると症状が悪化する」という点を指摘した。行動としては、利用者が顔を上げるような仕掛けについて言及している。一方、職員も自己思考の思考スキームを記述した。事実として、機能訓練の具体的な内容を記述し、顔が下を向いていることを指摘した。根拠は、顔が下がり、前傾姿勢になることで、「転倒しやすく」なることを指摘している。行動として、顔を上げるように伝えている。

　差異点（根拠、行動）については、前傾姿勢がもたらす予測について言及している。

　構築した思考スキームについては、差異点として指摘した「前傾姿勢がもたらす」リスクについて根拠と行動に取り入れられたようである。事実として、訓練の具体記述を追加した。根拠は、顔が下を向くことで前傾姿勢になり、転倒しやすいこと、ももが上がりきらないことを指摘した。行動も利用者に明確に「顔を上げるよう」に伝えることが指摘されている。

構築過程の分析

	▼実習生		▼職員		▼構築した思考スキーム	
	分類	記述	分類	記述	分類	記述
事実			利用者関与	座位でもも上げ、バーにつかまり足踏み訓練中、	利用者関与（他）	もも上げの機能訓練中、
事実	利用者身体	機能訓練時、顔が下を向いてきてしまう。	利用者身体	顔が下を向いてしまう。	利用者身体（他）	顔が下を向いてしまう。
根拠	利用者評価	機能訓練をしていても姿勢が良くない。	利用者身体	実際に歩行するときに顔が下がっていると前傾姿勢になり、	利用者身体（他）	顔が下を向いていると前傾姿勢になり、
根拠	利用者身体	楽をしていては症状が進んでしまうため。				
根拠			利用者リスク	かつ前が見えず、転倒しやすい。	利用者リスク（他）	転倒しやすい。
根拠					利用者評価（共）	顔が下を向いていると、ももが上がりきらない。
行動			利用者関与	顔を上げて、足踏みするよう伝える。	利用者関与（他）	顔を上げて、もも上げを行うよう伝える。
行動	利用者関与	顔を上げてほしいところの位置に本人が見て嬉しくなる、楽しくなるような何かを貼る。（これは元々貼っていましたが、ご本人の励みなっています。）			利用者関与（自）	顔の位置にこの方が見ていて嬉しくなるものを貼り、しっかり見てもらう。

構築思考スキーム（1）

　実習生は記述しておらず、職員が「座位でもも上げ、バーにつかまり足踏み訓練中、」と記述した。構築は「もも上げの機能訓練中、」となっており、短縮化して継承した他生的構築と解釈した。

113

構築思考スキーム（2）

実習生は「機能訓練時、顔が下を向いてきてしまう。」と記述し、職員は「顔が下を向いてしまう。」と記述した。内容はほぼ同じである。構築は表現としても職員の記述をそのまま継承した。よって、そのまま継承した自生的構築と解釈した。

構築思考スキーム（3）

実習生は「機能訓練をしていても姿勢が良くない。」と記述し、職員は「実際に歩行するときに顔が下がっていると前傾姿勢になり、」と記述している。双方とも同じ内容であるが、表現が若干異なる。構築は「顔が下を向いていると前傾姿勢になり、」という表現で、職員の記述「顔が下がっていると前傾姿勢になり、」をほぼ継承している。よって、短縮化した他生的構築だと解釈した。

構築思考スキーム（4）

実習生は記述しておらず、職員が「（かつ）前が見えず、転倒しやすい。」という記述をしており、構築も「転倒しやすい」である。よって、そのまま継承された他生的構築であると解釈した。

構築思考スキーム（5）

実習生も職員も記述がないが、構築で記述が行われた。特に「ももが上がりきらない」という記述は他の単位にも記述がないため、リフレクションで指摘ができたものであると考えられる。よって、全く新しい共創的構築であるといえる。

構築思考スキーム（6）

実習生は記述しておらず、職員は「顔を上げて、足踏みするよう伝え

る。」と記述したため、他生的構築であるといえる。構築も職員の記述をそのまま継承しているため、そのまま継承した他生的構築と解釈した。

　構築思考スキーム（7）
　実習生は「顔を上げてほしいところの位置に本人が見て嬉しくなる、楽しくなるような何かを貼る。（これは元々貼っていましたが、ご本人の励みなっています。）」と記述し、職員は記述していない。そのため、自生的構築である。構築では「顔の位置にこの方が見ていて嬉しくなるものを貼り、しっかり見てもらう。」として、当初の記述を若干の表現を変更しているのみで、内容は同じであると考えられるため、表現変化を伴う自生的構築と解釈した。

自生数	1
他生数	5
共創数	1

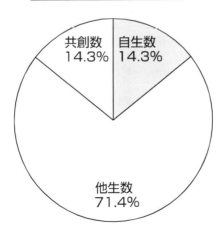

共創数
14.3%

自生数
14.3%

他生数
71.4%

図 26　思考スキーム組（15）の自生率・他生率・共創率

3．4．16．寝たきりの利用者のオムツを交換する場面の思考スキーム構築

思考スキーム組 201607021500/K

▼実習生

事実	根拠	行動
陰部洗浄の際、側臥位に自分で体位を整えることができ、安定して支えることができる。	次にとる体位を理解し、手すりにつかまって側臥位になり、安定する体の位置を理解している。手を握る等の動作があり、筋力があまり落ちていない。	自力で支えることができていたので、側臥位の際、あまり支えず、手を添えるくらいにした。

▼職員

事実	根拠	行動
オムツ交換のため、体位交換が必要。利用者は高齢。ベッドに寝た切りのことが多い。	利用者は寝たきりだが、ベッドで自力で体の向きを変えることができる。高齢で筋力低下もあることから、長時間の体位維持には多少の支えが必要。	利用者自身でできるところは声をかけながら、自身のペースで体の向きを変えてもらった。長時間同じ体位を取る場合は体を支えた。

▼異なる点	▼構築した思考スキーム		
	事実	根拠	行動
看護師は（職員）は筋力の低下まで着目していた。年齢的にも筋力の低下が考えられるので、本人に無理をさせないよう支える必要があると感じた。	陰部洗浄の際、側臥位が必要。自分で体位をとることはできる。高齢で寝たきりがほとんど。	次にとる体位を理解し、手すりにつかまることができる。手すりにつかまれるが、高齢なので、長時間つかまるには支えが必要。	自分で体位交換をしてもらい、長時間同じ姿勢の場合は支える。

　実習生は自己思考の思考スキームを記述した。事実として、陰部洗浄であること、体位交換ができること、安定して支えることができることを指摘した。根拠としては体位交換可能、安定した支持ができるなどから、筋力はあまり落ちていないと指摘した。行動として、側臥位の際に手を添える程度にしたと指摘した。一方、職員は、事実としてオムツ交換、体位変換が必要、利用者の高齢、寝たきり状態を記述している。根拠として、寝たきりだが、体位交換可能であること、さらに高齢で筋力低下を指摘した。よって、長時間の体位維持には支えが必要としている。行動は、声をかけながら、利用者のペースで体位交換をしてもらうこと、さらに、体位維持が長時間の際には支えることを指摘した。

　差異点として、実習生は筋力低下の有無についての違いを指摘した。

　構築した思考スキームとしては、事実に「高齢で寝たきりがほとんど」という点を追加した。根拠は、「手すりにつかまれるが、高齢なので、長時間捕まるには支えが必要」という点を追加した。その結果、行動も「長時間同じ姿勢の場合は支える」という点を追加した。

構築過程の分析

	実習生 分類	実習生 記述	職員 分類	職員 記述	構築した思考スキーム 分類	構築した思考スキーム 記述
事実	利用者関与	陰部洗浄の際、	利用者関与	オムツ交換のため、	利用者関与(自)	陰部洗浄の際、
	利用者身体評価	側臥位に自分で体位を整えることができ、	利用者身体	体位交換が必要。	利用者身体評価(自)	側臥位が必要。自分で体位をとることはできる。
	利用者身体評価	安定して支えることができる。				
			利用者身体	利用者は高齢。	利用者身体(他)	高齢で
			利用者評価	ベッドに寝たきりのことが多い。	利用者評価(他)	寝たきりがほとんど。
根拠	利用者身体評価	次にとる体位を理解し、手すりにつかまって側臥位になり、安定する体の位置を理解している。	利用者身体評価	利用者は寝たきりだが、ベッドで自力で体の向きを変えることができる。	利用者身体評価(自)	次にとる体位を理解し、手すりにつかまることができる。
	利用者身体評価	手を握る等の動作があり、筋力があまり落ちていない。	利用者身体評価	高齢で筋力低下もあることから、		
			利用者身体	長時間の体位維持には多少の支えが必要。	利用者身体(他)	手すりにつかまれるが、高齢なので、長時間つかまるには支えが必要。
行動	利用者身体評価	自力で支えることができていたので、	利用者身体関与	利用者自身でできるところは声をかけながら、自身のペースで体の向きを変えてもらった。	利用者関与(他)	自分で体位交換をしてもらい、
	利用者関与	側臥位の際、あまり支えず、手を添えるくらいにした。				
			利用者関与	長時間同じ体位を取る場合は体を支えた。	利用者関与(他)	長時間同じ姿勢の場合は支える。

118

構築思考スキーム（1）

実習生は「陰部洗浄の際」、職員は「オムツ交換のため」と記述した。構築は「陰部洗浄の際」となっており、実習生の記述がそのまま継承された。よってそのまま継承された自生的構築と解釈した。

構築思考スキーム（2）

実習生は「側臥位に自分で体位を整えることができ、」、職員は「「体位交換が必要」と記述された。構築では「側臥位が必要。自分で体位をとることはできる。」とされ、そのまま継承された自生的構築と解釈できる。

構築思考スキーム（3）

実習生は記述しておらず、職員は「利用者は高齢」と記述した。構築では「高齢で」となっており、そのまま継承された他生的構築であると解釈した。

構築思考スキーム（4）

実習生は記述しておらず、職員は「ベッドに寝た切りのことが多い。」と記述した。構築では「寝たきりがほとんど。」となっている。職員の記述の「寝たきりのことが多い」を若干の表現を変更して継承したものと考えられ、表現の変更を伴う他生的構築と解釈した。

構築思考スキーム（5）

実習生は「次にとる体位を理解し、手すりにつかまって側臥位になり、安定する体の位置を理解している。」、職員は「利用者は寝たきりだが、ベッドで自力で体の向きを変えることができる。」と記述している。構築では「次にとる体位を理解し、手すりにつかまることができる。」と

119

なっており、実習生の記述の最初の部分を継承している。よって、短縮化による自生的構築であると解釈した。

構築思考スキーム（6）
実習生は記述せず、職員は「長時間の体位維持には多少の支えが必要。」と記述した。構築では「手すりにつかまれるが、高齢なので、長時間つかまるには支えが必要。」となっており、職員の「長時間の体位維持には多少の支えが必要。」を継承している。「手すりにつかまれるが、」は実習生の根拠に、「高齢なので」は職員の事実に記述がある。これらを取り込み、構築が行われている。よって、思考スキームから継承した他生的構築であると解釈した。

構築思考スキーム（7）
実習生は「自力で支えることができていたので、」、職員は「利用者自身でできるところは声をかけながら、自身のペースで体の向きを変えてもらった。」と記述した。構築では、「自分で体位交換をしてもらい、」となっているので、職員の記述「体の向きを変えてもらった。」という部分を継承したと考えられる。よって、短縮化を伴う他生的構築と解釈した。

構築思考スキーム（8）
実習生は記述がないが、職員は「長時間同じ体位を取る場合は体を支えた。」と記述した。構築は「長時間同じ姿勢の場合は支える。」となっており、ほぼ同じ記述で継承された他生的構築であると解釈した。

自生数	3
他生数	5
共創数	0

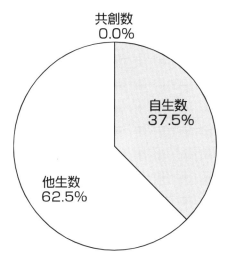

図 27　思考スキーム組（16）の自生率・他生率・共創率

３．４．17．片麻痺の利用者の洗濯物の取り込みを手伝う場面の思考スキーム構築

思考スキーム組 201607281130/K

▼実習生

事実	根拠	行動
脳梗塞後遺症のため、右半身に不自由が残る。自分の意思ではしっかり伝えることができる。	両手を使いながらたたむもの（ズボン等）はたたむのは難しい。少しでもいいので、右手を動かしてもらい、状態が悪化しないようにしたい。	本人にたためそうなものを聞き、ゆっくりでもいいので右手を使いながら洗濯物をたたんでもらう。

▼職員

事実	根拠	行動
マンションの外壁塗装のため、洗濯物を取り込んでほしかったが、片麻痺にて取り込めない。	高いところに干してあるため、自分で取り込むならば、転倒のリスクが高いため。	洗濯物を取り込み皆でたたむ。その際、ご本人にたたみ方を確認し、やり直さなくてよいようにする。

▼異なる点	▼構築した思考スキーム		
	事実	根拠	行動
片麻痺であることから、この方にできることが限られている。片麻痺なので危険を予測しながらお手伝いする。	脳梗塞後遺症のため、右片麻痺。マンションの外壁を塗装している。洗濯物が外に干してあった。	片麻痺のため高いところにある洗濯物を取り込めない。両手を使ってたたむことが難しい。少しでも患側を動かしてもらい、状態が悪化しないようにする。	洗濯物を畳む。一緒にたたむときはたたみ方を確認する。できそうなことはやっていただく。

　実習生は自己思考を思考スキームに記述した。事実は、脳梗塞後遺症、「右半身に不自由が残る」という点を指摘した。根拠として、両手を使うような洗濯物のたたみは難しいこと、右手を使いことで状態悪化を防ぐことを指摘した。行動として、右手を使いながら洗濯物をできる限りたたんでもらうことをして指摘した。一方、職員は自己思考の思考スキームを記述し、事実として、「マンションの外壁塗装」という環境の大きな要素を指摘した。そのような環境の中、「片麻痺（マヒ）」であること、利用者が洗濯物を取り込んでほしいことを指摘した。根拠としては、洗濯物が高い位置に干してあるため、転倒リスクを指摘した。行動は、洗濯物を取り込み、皆でたたむこと、たたみ方を利用者に確認しながらたたむことを指摘した。

　差異点は、片麻痺であることからできることが限られる点、転倒のリスクを指摘している点を実習生は認識した。

　構築した思考スキームとしては、事実に「右半身に不自由が残る」と自己思考の思考スキームでは記述していたが、「右片麻痺」になった。また、マンションの外壁塗装という重要な環境の要素を書き入れ、洗濯物が外に干してあるという状況の把握も的確になった。根拠として、洗濯物が干してある位置について追加した。患側（右手）を使うという当初の思考スキームの指摘は生かされている。行動としては、たたみ方の確認を追加した。

構築過程の分析

		▼実習生		▼職員		▼構築した思考スキーム	
	分類	記述	分類	記述	分類	記述	
事実			利用者環境	マンションの外壁塗装のため、	利用者環境(他)	マンションの外壁を塗装している。	
			利用者意図	洗濯物を取り込んでほしかったが、	利用者環境(他)	洗濯物が外に干してあった。	
	利用者身体	脳梗塞後遺症のため、右半身に不自由が残る。	利用者身体	片麻痺にて取り込めない。	利用者身体(他)	脳梗塞後遺症のため、右片麻痺。	
	利用者身体	自分の意思ではしっかり伝えることができる。					
根拠			利用者環境リスク	高いところに干してあるため、自分で取り込むならば、転倒のリスクが高いため。	利用者環境(他)	片麻痺のため高いところにある洗濯物を取り込めない。	
	利用者評価	両手を使いながらたたむもの（ズボン等）はたたむのは難しい。			利用者評価(自)	両手を使ってたたむことが難しい。	
	利用者身体評価	少しでもいいので、右手を動かしてもらい、状態が悪化しないようにしたい。			利用者身体評価(自)	少しでも患側を動かしてもらい、状態が悪化しないようにする。	
行動	利用者関与	本人にたためそうなものを聞き、					
	利用者関与	ゆっくりでもいいので右手を使いながら洗濯物をたたんでもらう。	利用者関与	洗濯物を取り込み皆でたたむ。	利用者関与(自)	洗濯物を畳む。できそうなことはやっていただく。	
			利用者関与	その際、ご本人にたたみ方を確認し、やり直さなくてよいようにする。	利用者関与(他)	一緒にたたむときはたたみ方を確認する。	

124

構築思考スキーム（1）

実習生は記述していないが、職員は「マンションの外壁塗装のため、」と記述した。構築は、職員の記述をほぼそのまま継承している。よって、そのまま継承された他生的構築であると解釈した。

構築思考スキーム（2）

実習生は記述していないが、職員は「洗濯物を取り込んでほしかったが、」と記述した。構築は、「洗濯物が外に干してあった。」で、視点の転換を伴う他生的構築と解釈した。

構築思考スキーム（3）

実習生は、「脳梗塞後遺症のため、右半身に不自由が残る。」、職員は「片麻痺にて取り込めない。」と記述した。構築は「脳梗塞後遺症のため、右片麻痺。」となっており、実習生の記述「右半身に不自由が残る」を「右片麻痺」に置き換えたのみで継承されているので、表現を変化させた他生的構築と解釈した。

構築思考スキーム（4）

実習生は記述していないが、職員は「高いところに干してあるため、自分で取り込むならば、転倒のリスクが高いため。」と記述した。構築は「片麻痺のため高いところにある洗濯物を取り込めない。」となっており、内容はそのまま職員の記述を継承しており、表現を変化させた。よって、表現変更を伴う他生的構築と解釈した。

構築思考スキーム（5）

　実習生は「両手を使いながらたたむもの（ズボン等）はたたむのは難しい。」と記述し、職員は記述していない。構築は「両手を使ってたたむことが難しい。」となっている。内容はほぼ同じで、若干の修飾を短縮化した自生的構築と解釈した。

　構築思考スキーム（6）

　実習生は「少しでもいいので、右手を動かしてもらい、状態が悪化しないようにしたい。」と記述し、職員は記述していない。構築は「少しでも患側を動かしてもらい、状態が悪化しないようにする。」となっており、内容は実習生の意味とほぼ同じであった。表現を変更を伴う自生的構築と解釈した。

　構築思考スキーム（7）

　実習生は「ゆっくりでもいいので右手を使いながら洗濯物をたたんでもらう。」、職員は「洗濯物を取り込み皆でたたむ。」と記述した。構築は「洗濯物を畳む。できそうなことはやっていただく。」となっている。実習生、職員ともに同じ内容を指摘している。ただ、実習生は右手を使うことに言及しているが、職員はそれには触れていない。ただ、全体としては表現を変更させた、自生的な構築と解釈する。

　構築思考スキーム（8）

　実習生は記述せず、職員は「その際、ご本人にたたみ方を確認し、やり直さなくてよいようにする。」と記述した。構築では「一緒にたたむときはたたみ方を確認する。」となっており、職員の記述「本人にたたみ方を確認し、」という表現を短縮化して継承であると考えられる。よって、短縮化を伴う他生的構築と解釈した。

自生数	3
他生数	5
共創数	0

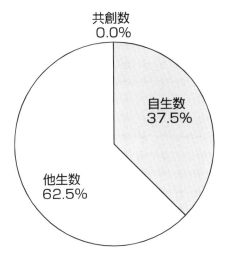

図 28　思考スキーム組（17）の自生率・他生率・共創率

3. 4. 18. 認知症で寝たきりの利用者のベッドをギャッジアップする場面の思考スキーム構築

思考スキーム組 201607281400/K

▼実習生

事実	根拠	行動
認知症である。ベッド上で寝たきりのことがほとんど。自力での排便が少ない。	認知症で寝たきりのため、見当識への支援が必要だと考えられる。寝たきりのため腹圧がかからず、自力での排便につながらない。	朝・昼・夜という時間を少しでも認識してもらう。腹圧をかけ、少量でも自力で排便につなげられるようにするということをご家族に伝え、ギャッジアップする時間を作ってもらう。

▼職員

事実	根拠	行動
93才認知症。胃ろうへの経管栄養以外はギャッジアップせず、臥床したままの生活。	ベッドをフラットにしたままの生活よりも上げ下げをして生活リズムをつけたり、廃用性症候群の進行を遅らせ、健康に過ごしてほしい。	訪問時にギャッジアップさせて状態を見て気分不快等がないことを確認。

▼異なる点	▼構築した思考スキーム		
	事実	根拠	行動
ギャッジアップをすることへのメリット、行動が異なる。（根拠）起立性低血圧等への配慮をする。	高齢者（93才）で、認知症。食事以外はギャッジアップしない。	認知症のため、見当識への支援が必要。生活リズムをつける。廃用症候群を予防し、健康に過ごしてもらいたい。	医療職がいるときに、ギャッジアップができる状態か確認し、ご家族にも見ていただき、できそうなら、継続していただく。介護職も訪問時に実施する。医療職に確認後。

　実習生は自己思考の思考スキームを記述した。事実は認知症、寝たきり、自力での排便は少ないという点を指摘した。根拠としては、認知症で寝たきりということから見当識への支援を指摘し、寝たきりのための腹圧の問題から排便が促されないということを指摘している。行動としては、時間を認識してもらうこと、腹圧をかけ、自力排便を目指すこと、そして家族へギャッジアップする時間を作るよう伝えることを挙げた。一方、職員は自己思考で事実として、年齢、認知症、ギャッジアップせず臥床したままということを指摘している上、胃ろうへの経管栄養を記述している。根拠としては、生活リズムをつけることが必要であること、廃用症候群の進行を遅らせることを指摘した。行動として、ギャッジアップさせて状態をみるということを挙げている。

　差異点は、ギャッジアップへの認識、起立性低血圧への配慮などを指摘している。

　これらを受け、構築した思考スキームとして、事実に高齢であることと年齢が追加された。根拠には生活リズムが必要、廃用症候群を予防し、健康に過ごしてもらうという点が追加された。行動では、医療職がいるときにギャッジアップしてもらうこと（確認を行うため）、ご家族にも確認をしてもらうことなどが追加された。

構築過程の分析

	▼実習生		▼職員		▼構築した思考スキーム	
	分類	記述	分類	記述	分類	記述
事実	利用者身体	認知症である。	利用者身体	93才認知症。	利用者身体（他）	高齢者（93才）で、認知症。
	利用者環境	ベッド上で寝たきりのことがほとんど。	利用者身体環境	胃ろうへの経管栄養以外はギャッジアップせず、臥床したままの生活。	利用者環境（他）	食事以外はギャッジアップしない。
	利用者身体	自力での排便が少ない。				
根拠	利用者身体推測	認知症で寝たきりのため、見当識への支援が必要だと考えられる。			利用者身体評価（自）	認知症のため、見当識への支援が必要。
			利用者環境	ベッドをフラットにしたままの生活よりも上げ下げをして生活リズムをつけたり、	利用者環境（他）	生活リズムをつける。
	利用者環境身体	寝たきりのため腹圧がかからず、自力での排便につながらない。				
			利用者身体	廃用性症候群の進行を遅らせ、健康に過ごしてほしい。	利用者身体（他）	廃用症候群を予防し、健康に過ごしてもらいたい。
行動	利用者環境	朝・昼・夜という時間を少しでも認識してもらう。				
	利用者家族身体環境関与	腹圧をかけ、少量でも自力で排便につなげられるようにするということをご家族に伝え、ギャッジアップする時間を作ってもらう。	利用者環境関与観察	訪問時にギャッジアップさせて状態を見て気分不快等がないことを確認。	利用者家族連携確認関与（自）	医療職がいるときに、ギャッジアップができる状態か確認し、ご家族にも見ていただき、できそうなら、継続していただく。介護職も訪問時に実施する。医療職に確認後。

構築思考スキーム（1）

実習生は「認知症である」、職員は「93才認知症」と記述した。構築は「高齢者（93才）で、認知症。」となっている。双方の要素をそのまま取り入れており、半々の接近を図った他生的構築であると解釈した。

構築思考スキーム（2）

実習生は「ベッド上で寝たきりのことがほとんど。」、職員は「胃ろうへの経管栄養以外はギャッジアップせず、臥床したままの生活。」と記述した。構築は「食事以外はギャッジアップしない。」としている。内容としては、「食事以外」という修飾部は「胃ろうへの経管栄養以外」と同義で、職員の記述を継承していると考えられる。よって、短縮化を伴う他生的構築と解釈した。

構築思考スキーム（3）

実習生は「認知症で寝たきりのため、見当識への支援が必要だと考えられる。」、職員は記述していない。構築は「認知症のため、見当識への支援が必要。」となっており、不要と思われる部分を削除するという、短縮化を伴う自生的構築と解釈した。

構築思考スキーム（4）

実習生は記述しておらず、職員は「ベッドをフラットにしたままの生活よりも上げ下げをして生活リズムをつけたり、」と記述した。構築は、「生活リズムをつける。」となっており、職員の記述の一部をほぼ継承している。よって、短縮化を伴う他生的構築と解釈した。

構築思考スキーム（5）

　実習生は記述しておらず、職員は「廃用性症候群の進行を遅らせ、健康に過ごしてほしい。」と記述した。構築は「廃用症候群を予防し、健康に過ごしてもらいたい。」で、職員の記述をそのまま継承している。よって、そのまま継承した他生的構築と解釈する。

構築思考スキーム（6）

　実習生の記述の主旨は「ギャッジアップする時間を作ってもらう。」で、職員の記述の主旨は「気分不快等がないことを確認」となっている。構築では「（ギャッジアップを）継続していただく」が主旨で、修飾として「医療職がいるときに」「ご家族にも見ていただき、」「介護職も訪問時に実施する。医療職に確認後。」がかかっている。意味としては、実習生と職員は同じと思われるが、職員の「気分不快等」などのニュアンスを取り入れている。よって、実習生と職員の要素を共に取り込んだ自生的な構築と解釈した。

自生数	2
他生数	4
共創数	0

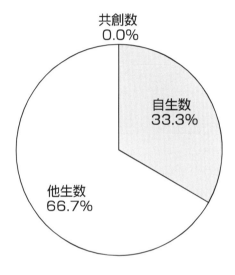

図 29　思考スキーム組（18）の自生率・他生率・共創率

3．4．19．パーキンソン病利用者へ入浴介助をする場面の思考スキーム構築

思考スキーム組 201607280930/K

▼実習生		
事実	根拠	行動
パーキンソン病のため、入浴には介助が必要。痛い、かゆいなど訴えることはできる。	洗身が一人ではできないため、身体に変化があっても自分で確認することができない。	入浴前後や洗身の際に皮膚の状態を確認する。身体状況で変化や気になることはなかったか、聞いて見たり、会話の中から探る。

▼職員		
事実	根拠	行動
入浴介助と会話。	パーキンソン病による服薬の影響で幻覚をみることが多く、その話にとらわれていることが多いため、現実に引き戻すためと肌がさっぱりすることによる気分転換。	「ビニールシートをかぶせると変な男がでて来なくなった」と発言有り、その話は否定も肯定もせず、話を現実に戻し、日常生活を健康的に過ごしてもらえるようケアを行う。

▼異なる点	▼構築した思考スキーム		
	事実	根拠	行動
パーキンソン病の症状に配慮した介助をするという点で異なる。	パーキンソン病で幻視がある。介助が必要。痛い、かゆいなどを訴えることはできる。	パーキンソン病のため、幻視が多く、そのことに注意が向いてしまう。洗身の介助をすることで皮膚の状態の確認、気持ちの切り替えを行う。	入浴中、浴後に皮膚の状態を確認する。幻視にとらわれすぎないように、現実に戻す。

　実習生は自己思考で思考スキームを記述した。事実は、パーキンソン病、入浴に介助が必要、訴えはできることを指摘した。根拠は洗身が難しいため、身体変化があっても自分で確認できないことを指摘した。行動として、皮膚の確認をコミュニケーションの中で行うことを指摘した。

　一方、職員は自己思考で思考スキームを記述し、事実は入浴介助と会話を指摘した。根拠は、パーキンソン病による服薬の影響で幻覚があること、幻覚にとらわれていることが多いこと、現実に引き戻すためにも入浴が位置づけられていることを指摘した。行動は、幻覚の具体的な発言内容と、それに対して否定も肯定もしないことを挙げている。

　実習生は差異点として、パーキンソン病への配慮に違いを感じている。

　構築した思考スキームとしては、事実に「幻視がある」ということが追加された。根拠にも「幻視が多く、そのことに注意が向いてしまう」こと、さらに、入浴によって気持ちの切り替えを行うことを追加した。行動としては、「幻視にとらわれすぎないように現実に戻す」という点が追加された。パーキンソン病に伴う幻視についての事実、根拠、行動が追加されているようだ。

構築過程の分析

	▼実習生		▼職員		▼構築した思考スキーム	
	分類	記述	分類	記述	分類	記述
事実	利用者身体関与	パーキンソン病のため、入浴には介助が必要。	利用者関与	入浴介助と	利用者身体評価（自）	パーキンソン病で幻視がある。介助が必要。
	利用者評価	痛い、かゆいなど訴えることはできる。	利用者関与	会話。	利用者評価（自）	痛い、かゆいなどを訴えることはできる。
根拠			利用者身体評価	パーキンソン病による服薬の影響で幻覚をみることが多く、その話にとらわれていることが多いため、現実に引き戻すためと	利用者身体評価（他）	パーキンソン病のため、幻視が多く、そのことに注意が向いてしまう。
	利用者身体観察	洗身が一人ではできないため、身体に変化があっても自分で確認することができない。			利用者身体観察（自）	洗身の介助をすることで皮膚の状態の確認、
			利用者推測	肌がさっぱりすることによる気分転換。	利用者推測（他）	気持ちの切り替えを行う。
行動	利用者身体観察	入浴前後や洗身の際に皮膚の状態を確認する。			利用者観察（自）	入浴中、浴後に皮膚の状態を確認する。
			利用者発言	「ビニールシートをかぶせると変な男がでて来なくなった」と発言有り、		
	利用者関与観察	身体状況で変化や気になることはなかったか、聞いて見たり、会話の中から探る。	利用者関与	その話は否定も肯定もせず、話を現実に戻し、	利用者関与（他）	幻視にとらわれすぎないように、現実に戻す。
			利用者関与	日常生活を健康的に過ごしてもらえるようケアを行う。		

構築思考スキーム（1）

実習生は「パーキンソン病のため、入浴には介助が必要。」、職員は「入浴介助と」と記述している。構築は「パーキンソン病で幻視がある。介助が必要。」となっており、「パーキンソン病」と「介助が必要」は自生的である。「幻視がある」は職員の根拠部に記述されているものを継承している。他生的な部分もあるが、全体としては、思考スキームを継承した自生的な構築である。

構築思考スキーム（2）

実習生は「痛い、かゆいなど訴えることはできる。」、職員は「会話。」と記述した。構築は「痛い、かゆいなどを訴えることはできる。」となっている。実習生の記述をそのまま継承したものである。よって、そのまま継承した自生的構築と解釈した。

構築思考スキーム（3）

実習生は記述しておらず、職員は「パーキンソン病による服薬の影響で幻覚をみることが多く、その話にとらわれていることが多いため、現実に引き戻すためと」と記述した。構築は「パーキンソン病のため、幻視が多く、そのことに注意が向いてしまう。」となっている。職員の記述の冒頭部分を継承している。よって、短縮化を伴う他生的構築と解釈した。

構築思考スキーム（4）

実習生は「洗身が一人ではできないため、身体に変化があっても自分で確認することができない。」と記述したが、職員は記述していない。構築は「洗身の介助をすることで皮膚の状態の確認、」となっている。内容は実習生の記述と同じであるが短縮化されている。よって、短縮化

を伴う自生的構築と解釈した。

　構築思考スキーム（5）
　実習生は記述しておらず、職員は「肌がさっぱりすることによる気分転換」と記述している。構築は「気持ちの切り替えを行う。」となっており、職員の記述の表現変化を伴う他生的構築と解釈した。

　構築思考スキーム（6）
　実習生は「入浴前後や洗身の際に皮膚の状態を確認する。」と記述したが職員は記述していない。構築では「入浴中、浴後に皮膚の状態を確認する。」としており、ほぼ実習生の記述を同じ内容であり、そのまま継承した自生的構築であると解釈した。

　構築思考スキーム（7）
　実習生は「身体状況で変化や気になることはなかったか、聞いて見たり、会話の中から探る。」、職員は「その話は否定も肯定もせず、話を現実に戻し、」と記述した。構築は「幻視にとらわれすぎないように、現実に戻す。」となっている。構築の主旨は「現実に戻す」ということであり、それは職員の記述の主旨と同じである。「幻視にとらわれすぎないように」という表現は職員の根拠にあるため、それを継承したものである。よって、思考スキームからの継承を伴う他生的構築と解釈した。

自生数	4
他生数	3
共創数	0

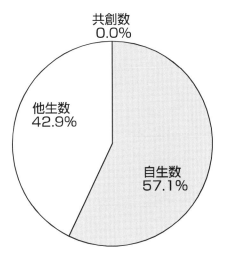

図 30　思考スキーム組（19）の自生率・他生率・共創率

3. 4. 20. オムツ使用への気持ちを打ち明ける利用者に対応する場面の思考スキーム構築

思考スキーム組 201607231010/SE

▼実習生

事実	根拠	行動
「オムツをはかされた時のショックったらなかったわよ」とおっしゃっていた。	気持ちを受け止めることが大事と思った。否定から入ると言い争いになるし、本人の尊厳にもかかわってくる。	自分だったら、「そうですよね。やっぱりトイレでしたいですよね」と共感する。

▼職員

事実	根拠	行動
自分の気持ちを素直に言うことができている。	意向をくみ、最善の方法を検討する。ケアに対しての統一。	ご本人の意向を聞き、状態に合わせて対応させていただく。ご本人に説明・ご了解いただく。

▼異なる点	▼構築した思考スキーム		
	事実	根拠	行動
※イレギュラー記述			

　実習生は自己思考で思考スキームを記述したと思われる。ただし、行動の書きぶりをみると、職員のケア提供場面を観察し、推測で思考スキームを完成させている可能性もある。この場合、他者思考として考えられる。事実として、利用者の発言を指摘している。根拠として、利用者の気持ちの受け止め、否定しないことを挙げている。行動としては「自分だったら」という但し書きをしているため、自分は行為者本人ではないことがうかがえる。その場合は、前述したように他者思考の推測で、職員の思考を想定した思考スキームでああろう。

　差異点については、職種間思考共有シートの記述が思考スキーム組201607231020/SE とともに、イレギュラーに行われているため、この思考スキーム組についての差異点がどのようなものであるかは明瞭にできなかった。該当すると思われるイレギュラー記述を以下に参考として記載する。

　イレギュラー記述
　・思考スキーム組 201607231020/SE と同じ記述であるが、「どの事例をとりあげても、ご本人の意思を確かめるというのが看護師の共通の対応であったと思う。体調管理をしつつ、本人の意思も尊重していかなければいけないということに難しいと感じた。」とある。

　思考スキーム組 201607231020/SE と同様に、構築した思考スキームについても記述はないため、思考スキームの差異に基づいた自職種の思考スキームの構築は検討できない。

構築過程の分析

	▼実習生		▼職員		▼構築した思考スキーム	
	分類	記述	分類	記述	分類	記述
事実	利用者発言	「オムツをはかされた時のショックったらなかったわよ」とおっしゃっていた。	利用者評価	自分の気持ちを素直に言うことができている。		
根拠	利用者関与	気持ちを受け止めることが大事と思った。	利用者評価	意向をくみ、最善の方法を検討する。ケアに対しての統一。		
	利用者関与推測	否定から入ると言い争いになるし、本人の尊厳にもかかわってくる。				
行動	利用者職員発言関与推測	自分だったら、「そうですよね。やっぱりトイレでしたいですよね」と共感する。	利用者意図関与	ご本人の意向を聞き、状態に合わせて対応させていただく。		
			利用者関与	ご本人に説明・ご了解いただく。		

自生数	0
他生数	0
共創数	0

3. 4. 21. 自分で入浴後の服等を用意した利用者へ声をかける場面 の思考スキーム構築

思考スキーム組 201607231020/SE

▼実習生

事実	根拠	行動
本人が「青い洋服を着たいと思って」とおっしゃり、入浴後の服を用意していた。	天候もそこまでよくなく、日も照っていなかったこと、窓が開いていたことから風邪をひくかもしれないと思ったから。	自分なら、今日の気温では少し寒い気がするので、はおりものはいりますか？と言ってみる。

▼職員

事実	根拠	行動
シャワー浴をお願いしようと思い、自分で用意されていた。	用意されていたもの以外に必要なものを補足させてもらう。できる準備は前もって行い、短時間で負担をかけないようにする。	段取りを考え用意する。イスの上にタオルを敷く。ドライヤ、ブラシを確認。用意ができたら、誘導する。

異なる点	▼構築した思考スキーム		
	事実	根拠	行動
※イレギュラー記述			

実習生が思考スキームを自己思考または他者思考のどちらかで記述したか決めるのが難しい。しかし、行動で「自分だったら」という記載があるため、他者思考で思考スキームを記載した可能性が強い。事実は、利用者の発言で、「青い服が着たい」という点を記載している。根拠として、天候などの状況から風邪を心配したようだ。行動としては、「自分なら」はおりものを勧めることを記載している。

　一方、職員は自己思考で思考スキームを記載し、事実として、「自分で用意」したことを簡単に記載している。根拠として、利用者が用意したもの以外で、必要なものを補足したことを指摘している。行動としては、具体的に用意したものを記載した。

　差異点については、職種間思考共有シートの記述が思考スキーム組201607231010/SE とともに、イレギュラーに行われているため、この思考スキーム組についての差異点がどのようなものであるかは明瞭にできなかった。該当すると思われるイレギュラー記述を以下に参考として記載する。

　イレギュラー記述
　・思考スキーム組201607231010/SE と同じ記述であるが、「どの事例をとりあげても、ご本人の意思を確かめるというのが看護師の共通の対応であったと思う。体調管理をしつつ、本人の意思も尊重していかなければいけないということに難しいと感じた。」とある。

　思考スキーム組201607231010/SE と同様に、構築した思考スキームについても記述はないため、思考スキームの差異に基づいた自職種の思考スキームの構築は検討できない。

構築過程の分析

	▼実習生		▼職員		▼構築した思考スキーム	
	分類	記述	分類	記述	分類	記述
事実	利用者発言意図	本人が「青い洋服を着たいと思って」とおっしゃり、入浴後の服を用意していた。	利用者意図	シャワー浴をお願いしようと思い、自分で用意されていた。		
根拠	利用者環境身体推測	天候もそこまでよくなく、日も照っていなかったこと、窓が開いていたことから風邪をひくかもしれないと思ったから。	関与	用意されていたもの以外に必要なものを補足させてもらう。できる準備は前もって行い、短時間で負担をかけないようにする。		
行動	職員推測関与	自分なら、今日の気温では少し寒い気がするので、はおりものはいりますか？と言ってみる。	利用者関与	段取りを考え用意する。イスの上にタオルを敷く。ドライヤ、ブラシを確認。用意ができたら、誘導する。		

自生数	0
他生数	0
共創数	0

145

４．実習指導での思考スキームの創造

神山　資将

　３章では回収した思考スキーム組をそれぞれ分析した。これを基にして、実習指導における思考スキームの活用の結果、どのような思考スキームの傾向が見られたかを分析した。

4.　1.　リフレクション１型と２型

　リフレクションの型の集計をみると、１型が 71.4%と多く、実習生は「利用者を対象として思考スキームを記述している」ことがうかがわれる。不慣れな場面であるにもかかわらず、利用者への指向性を保つことができていたことがわかる。

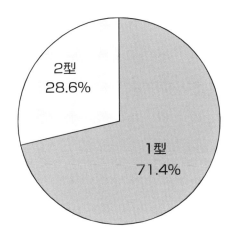

図 31　リフレクション１型・２型の割合

次に、思考スキームの記述数についての集計では、職員が多いことが
分かった。構築の数も多く、アクター（実習生、職員）の記述数との乖
離はそれほど大きくならないことが推測できる。これは構築に至らない
思考スキームはそれほど多くないということである。

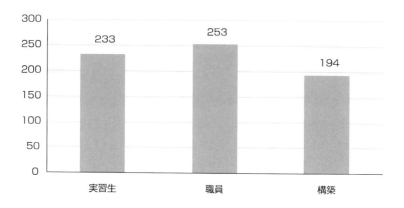

図 32　記述分類数（実習生・職員・構築別）

148

4. 2. 思考スキーム単位の分類（実習生、職員、構築別）

　思考スキーム単位にタグ付けした分類の数は、「利用者」についての思考スキーム単位が多かった。次いで多いのは「身体」と「関与」であった。実習という場面であるにもかかわらず、「指導」や「職員」についての思考スキーム単位は少なかった。

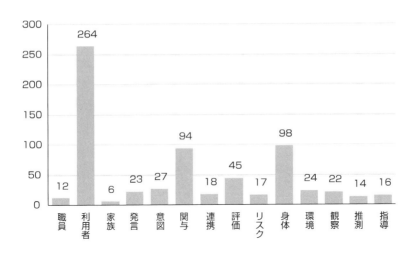

図 33　記述分類数

また、アクター別のタグの集計をみると、実習生は、専門性に基づいた「観察」や「推測」は職員よりも多く、「評価」こそ職員の方が多かったが、実習生にとっては不慣れな場面であるにもかかわらず、専門性による思考が数多く行われていたといえよう。

分類	実習生	職　員	構　築	合　計
職員	11	0	1	12
利用者	84	98	82	264
家族	2	3	1	6
発言	13	7	3	23
意図	6	11	10	27
関与	30	37	27	94
連携	4	6	8	18
評価	14	18	13	45
リスク	4	10	3	17
身体	35	38	25	98
環境	7	11	6	24
観察	9	4	9	22
推測	8	2	4	14
指導	6	8	2	16
合計	233	253	194	

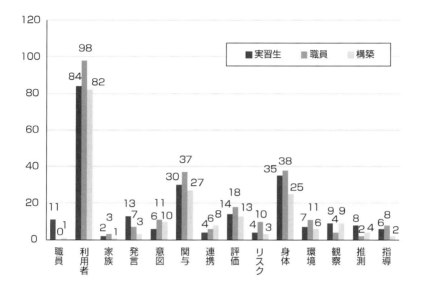

図 34 実習生、職員、構築思考スキームの記述分類数

　一方、「リスク」については職員が多く指摘しており、実習生の思考
は少なかった。

4. 3. 構築の他生性・自生性・共創性（思考スキーム組別）

　下図は、構築の自他の傾向を、思考スキーム組別に見たものである。報告者（実習生）別による傾向の違いは分析件数が少ないため、考察はできなかった。

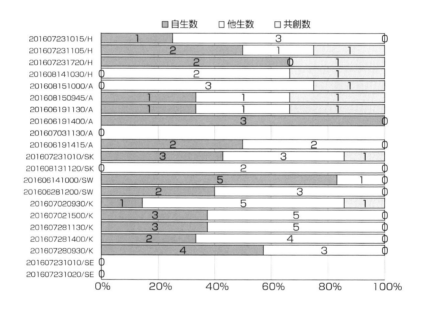

図 35　すべての自生率・他生率・共創率

　しかし、知識構築の自他性の振れが大きい報告者（実習生）と自他のエッセンスの組み合わせを目指す報告者（実習生）の傾向は分かれる可能性が示唆された。

4．4．構築の他生性・自生性・共創性（全体）

　構築された思考スキームの自他の傾向は、他職の思考スキームを受け入れる傾向が強いとわかった。これは実習指導という場面であることから、「学び取る」というニュアンスが強いこともあるだろう。さらに、経験のない訪問先であるということも知識習得に重きを置く思考スキームの構築になったと考えられる。

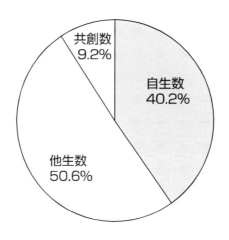

図 36　自生率・他生率・共創率の平均

　ただし、介護実習生側からの思考スキームも 40.2%あったということは、かなり知識の創造的な展開があったことを推測できる。

4. 5. 構築の類型

　構築された思考スキームの成り立ちについて分析した結果は、「不変更継承」がもっとも多く、実習生・職員のどちらかの思考スキームをそのまま受け入れる（学習する）というスタイルがもっとも多かった。実習指導という場面であることからそのようなスタイルが多くなることは想定できる。

　次に多いスタイルは「短縮化」で思考スキームの記述を単純化するものだった。「抽象化」までは至らないとしても、記述を単純化し、他の文脈でも適用可能な形に落とし込まれていることが推測される。知識構築としてはかなり進行したスタイルであるといえるだろう。

　次に「視点転換」と「表現変化」が続いている。視点の転換は思考スキームの検討がかなり進行している結果であり、表現の変化については単純化に似た知識構築であるといえよう。

知識構築の種別	数
思考スキーム単位間継承	8
非記述導入	3
短縮化	17
表現変化	10
抽象化	3
具象化	7
接近	3
視点転換	11
不変更継承	25
合計	87

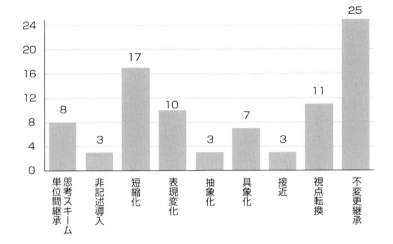

図 37　思考スキーム構築の類型

4. 6. 示唆・今後の展開

　以上、思考スキームによる実習指導の手法を用いた試行実習とその分析を行った。分析の結果、以下の点で一定の効果を得たと考えられる。

(1)　実習時と実習後（リフレクション後）で、実習生の思考に、具体的にどのような変化が起きたのかを把握すること

(2)　実習生の思考の変化は、どのような（アクターとの）相互作用で生じた変化なのかを把握すること

(3)　専門性が異なるアクター間（今回は看護師職員と介護職実習生）の思考の違いを、客観的に実習生が理解できること

(4)　指導者（職員）が指導の意図をリフレクション時に実習生に明瞭に伝達できること

(5)　アクターの思考が人物、環境、現象等のどこに着眼して展開し、推移していったのかをリフレクションで把握できること

(6)　リフレクションでのより深い（実習時の詳細な流れ）を検証することができること

　これらの実習指導上の効果は、指導者側から見れば、実習指導を詳細に行うことを助けることになる。実習生側から見れば、指導がどのような根拠から行われているのか、また、実習での不安や悩み等の思考を指導者と共有する手掛かりになるといえる。

　ただし、思考スキームによる実習指導の分析で得られる結果や考察（思考傾向）は、被検者の個別性が高いものであり、かつ本人の意識の断片

が表出されたものにすぎない。よって、被検者の属性等で思考傾向を一般化・普遍化することはできない。思考スキームによる実習指導とその分析法は、実習指導の深化を支援する方法論として機能するものであり、そこから得られた結果を安易に一般化・普遍化することのないよう、配慮が必要である。

　思考スキームによる実習指導とその分析法では、タグ付けの分類を、実習指導の分野や目的に則った定義にカスタマイズすることで、実習生のケア場面における思考をより詳細に把握し、指導に反映できるであろう。

　構築のあり方について、指導上、あるべき形態を設定することで、実習生のリフレクションの効果をさらに高めることができる。それはリフレクションにおける思考の促進にもなり、多様な分野や場面で応用が可能である。

　思考スキームを用いることによって、実習における各人の思考を把握しやすくなるため、より具体的・客観的な指導に近づけることができるであろう。

参考文献

- 大串正樹（2007）「ナレッジマネジメント：創造的な看護管理のための 12 章」pp.173–204、医学書院
- 神山資将、佐々木由惠（2011）「医療的ケアにおける介護職の不安と葛藤に対する一考察：高齢者ケア施設における医療的ケアの実態および不安・葛藤に関する調査から」第 19 回日本介護福祉学会大会自由研究口頭発表、2011 年 9 月 4 日（大妻女子大学）
- 神山資将、佐々木由惠（2012）「医療的ケアにおける訪問介護職の実態とアクター認知スキーム」第 20 回日本介護福祉学会大会［口頭発表］4-1-⑤、2012 年 9 月 23 日（於 京都女子大学）
- 神山資将、佐々木由惠（2013）「KBM に基づいた、医療・介護職間の危険予知トレーニング」知識共創、第 3 号
- 神山資将、池田満（2012）「知識生産様式の異なる組織間を横断した、教育・研究（知識創造）ポートフォリオシステム」情報メディア学会第 11 回大会
- 神山資将（2014a）「メタ認知に基づいた、医療介護連携教育の方策」第 7 回日本保健医療福祉連携教育学会学術集会（新潟）、一般口演、2014 年 9 月 21 日
- 神山資将（2014b）「医療・介護等の多職種連携教育方策としての、メタ認知を促す思考スキーム」情報メディア学会第 13 回研究大会
- 菊地和則（2004）「多職種チームのコンピテンシー：インディビデュアル・コンピテンシーとチーム・コンピテンシーに関する基本的概念整理」『社会福祉学』44(3)、pp.23-31.
- 久保元二（2000）「保健・医療・福祉の連携についての概念整理とその課題」、右田紀久惠ら（編）『社会福祉援助と連携』中央法規出版、pp.108-123.
- マズロー, A.H. 小口忠彦 (訳)（1987）「人間性の心理学—モチベーションと

パーソナリティ」産能大学出版部

- 藤岡完治、安酸史子、村島さい子、中津川順子（2001）「学生とともに創る臨床実習指導ワークブック（第2版）」pp.44–58、医学書院
- 松岡千代（2000）「ヘルスケア領域における専門職間連携ソーシャルワークの視点からの理論的整理」『社会福祉学』(40)2、pp.17-38.
- 村田真弓（2011）「医療福祉専門職の多職種連携・協働に関する基礎的研究―各専門職団体の倫理綱領にみる連携・協働の記述から―」大妻女子大学人間関係学部紀要『人間関係学研究』13、pp.159-165.
- 吉池毅志、栄セツコ（2009）「保健医療福祉領域における「連携」の基本的概念整理―精神保健福祉実践における「連携」に着目して―」桃山学院大学総合研究所紀要 第34巻第3号、pp.109-122.
- Kockelmans, J.J.（1979）"Why interdisciplinarity". In J. J. Kockelmans (Ed.), Interdisciplinarity and higher education (pp.123-160). University Park and London: The Pennsylvania State University Press.

【著者紹介】

佐々木　由惠（ささき　よしえ）
　　日本社会事業大学社会福祉学部福祉援助学科元教授
　　看護師、助産師、社会福祉士、介護福祉士、介護支援専門員
　　日本女子大学大学院人間生活学研究科博士課程修了（学術博士）
　　臨床看護師・助産師を経て、看護教育や介護職の養成にかかわる。介護
　　保険施行後は、自ら、訪問介護、グループホーム、デイサービス等を立
　　ち上げその実践を行う。介護労働、認知症ケア、介護職における医行為
　　等が研究テーマである。

栗原　好美（くりはら　よしみ）
　　シップヘルスケアファーマシー東日本株式会社
　　シップ訪問看護ステーション多摩川
　　山形県立保健医療大学　保健医療学部看護学科　卒業
　　病院で看護師・助産師として勤務、在宅ケアの現場で訪問看護に従事。
　　座右の銘：神は細部に宿る

神山　資将（かみやま　もとゆき）
　　一般社団法人知識環境研究会主任研究員（理事兼務）
　　国立大学法人北陸先端科学技術大学院大学知識科学研究科博士前期課程
　　修了、修士（知識科学）
　　独立行政法人新エネルギー・産業技術総合開発機構（現、国立研究開発
　　法人）産学連携研究員から財団法人政策科学研究所研究員を経て現職。
　　専門：知識科学、高等教育論、多職種協働、科学技術政策、ケアサービ
　　スサイエンス

思考スキーム付箋の記入法

- 1日の業務の中で、自分がどのような行動をしたのかを振り返り、思考スキーム付箋に自分の思考を記入しましょう。
- 思考スキーム付箋は、思考を構造的に記述することを助ける用紙です。
- この思考スキーム付箋を通じて、指導スタッフとリフレクションを行います。

思考スキームの簡単な説明

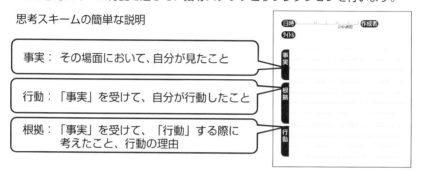

事実： その場面において、自分が見たこと

行動： 「事実」を受けて、自分が行動したこと

根拠： 「事実」を受けて、「行動」する際に考えたこと、行動の理由

思考スキーム付箋の記入法

1
自分が訪問した先で、「行動した」ことを、すべて、思考スキーム付箋の「行動」欄に記入してください。
※たくさんある場合は、特に気がかりな場面での行動について記入してください。
※1枚の付箋には1つの行動のみを記入してください。

2
それぞれの行動について、その行動をしようと判断する際に、自分は何を見て判断したのかを「事実」欄に記入してください。

3
それぞれの行動について、その行動をしようと判断する際の「根拠」を記入してください。
※「事実」欄に記入したものを「根拠」にするのは好ましくありません。自分が観察した「事実」から、この場面で自分は何をすべきか考える際に、何を一番大切だと考えたのか、それを根拠として記入してください。

職種間思考共有シートの記入法

1 実習生は、自分が記入した思考スキーム付箋を左欄に貼ります。

2 指導スタッフに対して、自分の行動を成り立たせている、「事実」認識と、それに対する「行動」とその「根拠」について説明します。

3 指導スタッフが、同じ場面（事実）に直面した場合、どのような思考スキーム付箋を記入するか、記入してもらう。
（付箋は中央の欄に貼ってもらう）

4 自分と、指導スタッフの思考スキーム付箋を比較する。共通する点、異なる点を「事実」「根拠」「行動」ごとに明確にする。

5 4での検討を踏まえ、自分の職種に期待される専門性を、多職種連携の中で生かしていくために、「あるべき」行動・思考のありかたを再度、思考スキーム付箋に記入してください。
記入した「あるべき」思考スキーム付箋は右欄に貼りつけてください。

リフレクションでの検討のポイント

- 互いに思考スキームが共通する必要はありません。また、共通する点が多ければよいというわけではありません。

- 思考が共通するということは、多職種連携をしたとしても、それぞれの職種が持つ固有の専門性（思考）を生かしてケアができないからです。多様な専門性（思考）はケアの質を高めることができます。

- しかし、異なる思考ばかりで、互いに理解できる部分がないという状態も好ましくありません。協働する限りは、互いの行動の根拠を理解した上で、自職種の専門性を展開しなければならないからです。

- 共通点と異なる点を明確にした上で、他職種と協働する中で、「自職種がなすべき」行動を再度検討して、あるべき思考を思考スキーム付箋に記入してみましょう。

【附録】思考スキームによる実習指導　職種間思考共有シート

職種間思考共有シート

氏　名

実施日　　　　年　　　月　　　日　（　　　枚／　　　枚）

自分が記入した 思考スキーム付箋	他職・指導スタッフが記入した 思考スキーム付箋	☑する	異なる点・共通点	自職種としてであるべき 思考スキーム付箋
思考スキーム付箋を貼ってください	思考スキーム付箋を貼ってください	□事実 □根拠 □行動		思考スキーム付箋を貼ってください
思考スキーム付箋を貼ってください	思考スキーム付箋を貼ってください	□事実 □根拠 □行動		思考スキーム付箋を貼ってください
思考スキーム付箋を貼ってください	思考スキーム付箋を貼ってください	□事実 □根拠 □行動		思考スキーム付箋を貼ってください

思考スキームによる実習指導

2021 年 6 月 25 日 初版 第 1 刷発行

著　　者　佐々木 由惠・栗原 好美・神山 資将
編　　者　一般社団法人 知識環境研究会
　　　　　東京都千代田区鍛冶町 2-11-22
　　　　　第二神田ビル 13 号
　　　　　TEL：03（3252）2472
　　　　　FAX：03（6779）4703
　　　　　https://www.ackk.or.jp
装　　幀　Duesmontagne
発 行 人　松田　健二
発 行 所　株式会社 社会評論社
　　　　　東京都文京区本郷 2-3-10
　　　　　TEL： 03（3814）3861
　　　　　FAX： 03（3818）2808
　　　　　http://www.shahyo.com
印刷製本　倉敷印刷株式会社

Printed in Japan

ご意見・ご感想お寄せ下さい　book@shahyo.com